# 坊主失格

小池龍之介



幻冬舎文庫

# 坊主失格

# はじめに

淋《さみ》しくて淋しくて、苦しみにもがいて、いつも暴走してきた人生でした、思えば。

小さい頃は担任教師から「ろくでなし」の烙印《らくいん》を押され、十代は太宰治《だざいおさむ》にかぶれて、道化を演じながら腹の中では周囲の人間を見下す屈折した思春期を送り、大学時代は理論武装して相手をやりこめては、孤立感に襲われていました。結婚すれば淋しさから相手を試し、いじめてしまうようになったものでした。道ですれ違った人に、無意味で馬鹿げた言葉を投げかけ驚かせ、その反応を見て面白がるのが趣味でした——うーん、できればお付き合いを避けたいタイプの人物だと、言わざるを得ませんねぇ。二十数年にわたり、そのような性格と行動パターンを強化し続けたのでありました。

そんな、本書タイトルどおり「失格」な人間も自分の心の仕組みを見極めて変わろうとすれば、変わることができる。汚れた心の総合図書館のごとき私の過去の心をサンプルとして取り上げながら、「自分」という牢獄《ろうごく》を乗り越えていく道筋が示せたらよいなと思う次第です。

「こんな人間でも多少は変われるのなら、自分も今からでも変われるかもね」と、勇気を持っていただく副作用もあるのではないか、と狙《ねら》っているのです。

現在の私は、一応、今のところは伝統仏教の宗派「浄土真宗」の僧籍を有することができておりますけれども（追記参照）、宗派とはまったく無関係に、一人で好き勝手に活動しております。日々の生活の基本を瞑想《めいそう》修行においている点で浮世離れした生活を送っているようにも見えるでしょうけれども、仕事や悩み相談などを通じて、今の世の中とも真っ向から対峙して日々を送っています。

自らの道場「月読寺《つくよみじ》」やカルチャーセンターなどで、「坐禅《ざぜん》セッション」と名付ける瞑想のクラスを担当したり、講演もしたりしておりますけれども、「仏教」という特定の考え方を広めたり、「仏教徒」という枠にはまった人々を増やしたいわけではありません。

「坐禅瞑想」は、どのような宗教や思想信条に属する人であれ、あるいは無宗教の人であれ、誰《だれ》もが好きなように使えるもの。単に、心を変えていく普遍的な技法である「坐禅瞑想」のお稽古法をレッスンしている、という心づもりで取り組んでおります。

そういった意味でも、私はやはり「坊主」に失格している、単なる一人の瞑想者《ヨーギ》なのです。

ともあれ、これから、淋しさという名の精神的麻薬中毒に陥っていた人間の半生をひもときながら、努めて冷静にそこからの脱出法を分析してまいりましょう。

しばらく、お付き合いくださいますと幸いです。


〔追記〕その後、本書単行本刊行の一年後、二〇一一年に、浄土真宗本願寺派より、除籍されるに至りました。書状によると、無宗派としての月読寺の活動が、宗派の教えと異なるから、というのが除籍の理由ということでした。結果として、より自由に無宗派で活動できるようになりました。

# 坊主失格　目次

## 第三章 見・無知——狂気へ傾倒した大学時代　101

# 第一章 渇愛・慢

## ——煩悩の塊としての子供

## 〝足リナイ〟から始まる人生

足リナイ、淋シイ——それは、最初から始まっています。

この世に生を受けた赤ん坊が最初にすることはなんでしょうか。

「オギャーッ！　うえーん、うわーんッ！」

小さな口をいっぱいに開けて、力の限り泣き叫ぶことです。泣き声が大きければ大きいほど、「元気がいい子」だと喜ばれたりもしますね。泣かない赤ん坊がいたら、どこか悪いのかと心配してしまうでしょう。

赤ん坊は泣くのが仕事、などと申します。お腹がすいては「オッパイが欲しいよーッ」と泣き、排泄物《はいせつぶつ》が出ては「気持ち悪いからなんとかしてよーッ」と泣き、一日中、なにかあるたびに泣き叫びます。赤ん坊は、まだ言葉を話すことはもちろん、歩くことすらできませんから、なにひとつ自分で自分の欲求を満たすことができません。ですから一生懸命泣いて、母親にアピールするしかないのです。常に満ち足りず、「足りない、足りない」と泣き続ける——。

足リナイヨーッ。もっともっと。

生まれたばかりの私も、その将来を暗示するかのようにあまりにも飢え、渇いていました。

母乳を飲もうとして、一度にたくさんのミルクを口に入れてしまうため、ケホケホとむせてしまって飲めなくなる、ということを繰り返していたそうです。それは赤ん坊にとっては、生きるための栄養を受け取れない、という、生存への脅威として感じられたことでしょう。母はうまく授乳できないことにストレスを感じるようになり、母乳を与えるのをやめて粉ミルクに替えました。

このことと関係があるのでしょうか。思い起こしますと、少年時代もいつも飲み物を飲むとき、ひと口にゴクンとたくさん流しこんでしまうせいでうまく飲めず、喉の奥にうずくような痛みを感じてつらかったという記憶が残っています。

人間は、生まれながらに〝足りていない〟のです。足りないところから始まり、それを埋めたいという欲求に翻弄《ほんろう》されながら、生きていく。

この〝足りていないがゆえにウズウズとしている〟ことを、仏道では「渇愛」と申します。欲望に駆り立てられ「欲しくて欲しくてたまらない」という心のあり方です。足りていないから苦しくて、苦しいから欲しい。

この〝足りていなくて苦しいこと〟こそが、欲の本質と申せましょう。

赤ん坊の場合は、泣くことの他に訴える手段がないので仕方がありませんけれども、成長し、言葉を覚えても、子供のうちは、自分の欲求が満たされないと泣いて親に訴えかけてばかりです。「おもちゃが欲しい」とか「お母さんが近くにいない。近くにいてほしい」というだけで、あたりをはばかることなく激しく泣き叫びます。もちろん泣いているそのときはつらくてつらくて、大きな苦痛を伴っています。おもちゃを買ってもらって満足したときの気持ちよさと比較しても、まったく釣り合わないくらいに、すこぶる大きな苦痛です。そんなにつらい思いをしてまでも、欲求が満たされたときのわずかな満足を得ようとするのが子供。

そのような激しさは一見したところ、大人には見あたりません。「車が欲しい」「バッグが欲しい」「あの人からもっと大事にされたい」「あの人が欲しい」と思っても、手に入らないからといって、泣き叫んだりはいたしません。しかし、それは感覚が鈍感になっていて、手に入らないときの苦しみがよくわからなくなっているだけ。実際は、幼い頃と変わらず、「欲しい―足りない―苦しい―欲しい―足りない―苦しい」を繰り返して苦しんでいるのです。この「足りない―苦しい」という欠乏の穴は、永遠に埋められることがありません。構造上、埋めようがない。

それはまるでブラックホールのように、埋めても埋めても空虚さが広がっていくだけの穴。その穴の中に、私たちは「必ず満たすことができる」と信じて、次々と得たものを投げこんでいくのです。

では、なぜ欲望の欠乏感は永遠に埋まらないのか。その仕組みについて、先に説明しておきましょう。

心とは、常に刺激を求めているものです。刺激とは、言い換えれば「痛み」の神経信号であり、「苦」ということになります。仏道に「一切皆苦《いっさいかいく》」という言葉があります。「すべての形成されたものは苦しみである」という意味です。「すべてが苦しみだなんてそんな馬鹿な！　人生には喜びだってたくさんあるじゃないか」と思っていらっしゃる方も多いのではないでしょうか。

いいえ、「すべてが」ではなくて、「すべての形成されたものが」です。そして「苦しみ」とは、「心を裏切るもの」とか、「不満足をもたらすもの」と、とらえていただくと、わかりやすいでしょう。

いかなる気持ちよさを感じても、脳内で分泌される快感物質の効果が切れるなら、つまらなくなり、不満足に戻ります。

言い換えますと、すべての現象は、一見すると私たちに好もしく見えるものですら、私たちに肩すかしを喰らわせ、がっかりさせるものなのだとでも、申せましょう。

そもそも、私たちが身体的に感じることのできる感覚は心地よく感じられるものですら、神経に一定の負担をかけています。その情報が脳内に送信されてデータ処理をされると、特定の条件下で「快楽」という脳内神経反応が生みだされる。身体的には負担を感じているのに、脳内では快楽の神経回路が活性化しているだけなのです。この状態は、次のように申すこともできるでしょう。

快感というものは身体を犠牲にして負担を与えながら、その負担を脳内で「心地いい」とデータ変換してつくりだされるものなのだと。私はそのように解釈しています。

快楽とは、複雑に入力される「負担」の神経情報を脳内処理してつくりだされる感覚であり、入力される情報が変化に富んでいるほど心はそれに興味をもち、快楽は生まれやすくなります。たとえば、お腹がすいているのは苦痛の神経情報です。そこに食べ物を食しますと胃や腸には負担がかかって苦痛の情報が発せられるのですけれども、「空腹」→「食べる」へと情報が変化したことをもって、心は大きな快楽を感じます。ただし、「食べる」を続けているうちに、その情報が飽和してきますと、苦痛の情報を脳が「快」と書き直すことができなくなってきます。すると、「お腹がいっぱい」「お腹が苦しい」などと、苦痛が露出してくるのです。

しかしながら、仮にお腹がいっぱいでも、「口にするものの味や種類を違うものにする」といったことをすると、刺激情報に落差《ギャップ》が生まれて、再度心が興味をもつので、俗に「別腹」などと言われるように快楽が脳内で生産されます。実際は苦しいはずですのに、刺激に落差さえ与えてやると、脳が快楽を生みだして、現実がわからなくなるのです。

あるいは、他人と一緒にいて落ち着かないとしたら、そこにも苦痛の情報がありま
す。その人にとっての希望はしばしば、「相手から離れてリラックスしたい」という
ことでしょう。望みが叶《かな》い、人と離れて一人になると、「今、一人でいて他人の存在
を気にしないでいられる」という情報に切り替わります。

こうして落差が生まれると脳内では快楽が生みだされますけれども、しかしながら、
「一人でいる」ということの情報刺激が繰り返し入力され続けますと、やはり飽和し
てきて、つまらなくなったり、淋しくなったりして、苦しくなってきます。

そして、誰かに会いたくなり、会うことができれば「一人でいる」ことの苦痛から
解放された落差で再び快楽がつくりだされる。しかし、やがて「誰かといる」ことの
苦痛が飽和してきて……といった具合。

つまり、私たちは「負担①」から「負担②」へと逃げこんで落差をつくるときに、
快楽という幻を脳内生産しているのです。この落差を脳が情報処理し、快楽として認
識すると「快感」という脳内反応が生じます。ドーパミンが大量放出されることで、
心理的には興奮がもたらされますが、身体的には、血圧が上がり息が乱れ、苦痛がも

たらされているだけ。あたかも快楽というものが、脳内の一時的な神経刺激の外部に実在するかのように、錯覚しているだけなのです。

「欲しいよう」と泣き叫んでいるときは、手に入らないという苦痛、すなわち強い刺激が走り、そして手に入ったとき、この刺激が消える。この消えたときの落差を、脳が情報処理して「気持ちいい〜！」と認識してドーパミンなど快楽物質が放出されるというカラクリなのです。

しかしながら、手に入れたことによって刺激そのものが消えてしまい、心はさらに次の刺激をつくりだそうとします。心としては、実現してしまった状態というのは、都合が悪い。なぜなら、刺激がなにもなかったら、快楽を生みだす「落差」も生じないのですから。

快楽の本質が「落差」にすぎないということを、『マーガンディヤ経』の中でブッダは、重度の皮膚病患者のエピソードを出して説明しています。皮膚の痒《かゆ》さに耐えられない重度の皮膚病患者が、焼いた木片を患部に当てて「あ〜気持ちいい」と言う。あまりに痒いので、それ以上に強烈な「熱くて痛い」という刺激を与えることによって、その落差から痒さが消失したように感じ、快楽が生じたと錯覚してしまう次第です。

同じように、自分でわざと「落差」をつくることによって快楽を得ようとする体験は、私たちの生活の中でも数限りなくあります。

たとえば、三日間の猶予がある仕事をコンスタントにこなしたときの達成感に比べると、二日間サボって最後の一日に集中してギリギリに仕上げたときのほうが、終わったときの快楽、解放感は強くなります。「あと一日しかない！」という追いこまれた焦燥感や身体的疲労などで苦しんだぶん、解放されたときの落差が激しくなるからです。落差に騙《だま》されているだけだと思えば、「あとあと大変だから、淡々と仕事をしていこう」と考えられるのですけれども、心はとても騙されやすいもの。一度、その快楽を知ってしまうと、わざと自分を追いこんでギリギリになるまでやらないようになってしまったりすることでしょう。

そのようなことを、人間は小さい頃からずっと繰り返しながら生きています。多くの人がこの罠《わな》にはまり、穏やかであろう、ストレスのないようにしよう、という選択ができなくなっているのです。

## 根深い「慢」の煩悩

私自身、子供の頃を振り返ってみましても、「欲しい―足りない―欲しい―足りない」のエンドレスな「渇愛」に翻弄され続けていたように、思い起こされます。

煩悩と呼べるものは数多くありますが、その中でも根本煩悩とされている欲望・怒り・無知を「三毒」と申します。いかなる煩悩も、この三毒が組み合わさることによって発生するものと考えていいでしょう。これからお伝えする私の過去の失敗も、すべてこの三毒を柱にすることで説明できるように思います。

私の場合、とりわけ強かったのは、欲望のうちでも「慢」の煩悩でした。

「慢」とは、自己をまるでいつも鏡に映しているかのように気にし、他人から見た自己の評価を気にする、ナルシスティックな心のあり方です。褒められれば調子に乗り、貶《おとし》められれば惨めに落ちこみ、そんなふうに翻弄される自分を情けなく感じて「自分なんてダメだ」と、さらにガッカリ。そんな具合に、自意識過剰な欲望に、浮いたり沈んだりして苦しんできたのでした。

人間とは、自分の価値を認めてもらい、「自分はこんなにスゴいよ」というイメージをつくりたくて仕方がない生き物です。そして、他人から良く見られたいと思う以上に、自分自身の中で「格好いい自分だもんね」という安っぽいプライドを保ちたくて仕方がない。その欲望は大変に根が深いものです。多くの方々の悩みを聞いていると、究極的には、ほぼすべての現代人の悩みがこの「慢」に行き着くと言わざるを得ないところがあるようにすら思われます。

どんな例でもいいのですけれども、たとえば浮気をされていてつらい思いをしているとき。愛情が失われたことの悲しさとか、裏切られた悔しさなど、心の中にはさまざまな気持ちが渦巻きます。しかし、その感情を一つひとつ分析してみると、根っこにあるのは、相手が自分よりも他の人間を選んだことによって、相対的に自分の価値を下げられた気分になること、自分が別の人と取り替えのきく存在として扱われたことに対する不快感だったりします。

人生のあらゆる場面で感じるストレスをよくよく見てみると、そのように「自分のことを認めてくれないの？　私の価値をなんだと思っているの？」という「慢」が深く根ざしていることが多いのです。

結局、どれもこれも、小さな子供が幼いなりに自分を認めてもらおうとして、親や周囲の大人たちに一生懸命泣いてアピールしていたことと、結局は同じなのです。

子供が最初に接するのは母親であり、父親です。乳幼児の頃は親が圧倒的、絶対的な支配者であり、すべての欲望は親を通してしか満たされません。それが成長するにつれて、他の家族だったり、親戚だったり、あるいは友達、学校の先生と、少しずつ接する人間が広がり、絶対的だった親から欲望の対象は徐々にスライドしていきます。

親だけでなくいろいろな人々に自分の存在を認めてもらい、愛情を受け取りたいと願う。その過程で、ある程度は満たされる子もいれば、そうではない子もいる。満たされずに諦める子がいたり、満たされないままイライラする子もいたり、さらに求める子がいたり。そのような心理的体験の差によって、人それぞれ「慢《ナルシシズム》」の生じ方に違いが出てくることでしょう。

## もっともっとの〝愛情中毒〟

さて、私の子供時代は如何様《いかよう》なものであったか、お話を進めてまいりましょう。

一方では、じっとしていられず笑ったり騒いだりして、いかにも大阪の男の子らしい陽気さを持っていましたので、外面上は単なる悪ガキに見えていたようですけれども、いつもいつも心に苦痛があり、しばしば淋しくて泣いていたのです。私は一人ぼっちにされることが耐えられない子供でした。あまりに軟弱な私を成長させようとしてか、幼児向けの水泳教室へ通わされることになった日々の出来事が、それをよく物語っていますので紹介いたしましょう。

プールの水を怖がる幼児たちに対して先生は、まずは水に馴《な》れさせようと浮輪をつけて水遊びをさせます。ところが、数いる幼児たちの中で私だけ、遊ぼうとせずに上を見上げては泣いてばかりいるのでした。

私が見上げている先、二階にはガラスで隔てられた保護者用の観覧席があり、そこを見上げると母が笑ってくれたり、手を振ってくれたりします。私が水遊びをしないで、上を向いて手を振ったり、「絶対、置いていかんといてな。お母さん」と言って泣いたりするものですから、先生は「大丈夫、お母さんはあそこで見ててくれてるから、みんなと一緒に遊ぼうね」と慰めてくれます。

　ところが私は、不安で不安で仕方がありません。ずーっと上を見ていないと、母が私を見捨ててどこかへ行ってしまうのでは、という恐怖にさいなまれていたのです。

　上を見る。今は確かにそこにいて、笑ってくれている。「でも、次に上を見るときに、いなかったら？」と気になって、胸が詰まり嗚咽《おえつ》すらこみあげてくる。

「なんでお母さんはこんなこと僕にさせるんやろ。僕のことキライなんちゃうかな」と勝手に絶望して、「うわーん」と泣く。

「なあ、なあて、えっとな、絶対やで、絶対置いていかんといてな」

「わかったから。ここで待って見てるから大丈夫やんか」

「ほんまやんな？　ほんまやで。絶対やで。約束やで」と涙ぐむ。あまりにも毎回こんな調子なので、親は呆《あき》れ返っていました。

　そして何度もこれを繰り返したあげく、「なんで、こんなことせなあかんのッ。もうイヤや。行きたないよう」と泣いて頼んで、水泳教室をやめさせてもらったのでした。

それ以来、プールや水中というと、幼児期の絶望感が潜在的に結びつくのでしょうか、子供時代は長い間、泳ぐのが大の苦手となってしまったことです。

そんなこんなで、私は親にちゃんと見てもらえているかどうかばかりを気にするあまり、ほかの子たちができる人並みのことができず、そのことにも劣等感がありました。

しかしながら、奇妙なことに、私は劣等感を克服しようという努力をするかわりに、「できないダメな自分」であるがゆえに安心できることを覚えていったとも、申せるような気もするところです。

水遊びができないがゆえにやめさせてもらえて、親と一緒にいられる。できるようになってしまえば親は安心してしまい、私のことを見守ってくれなくなるんじゃないかしらん、見捨てられるのではないかしらん、と。

次に、なにを思ったか両親は幼稚園に入った私に音楽を学ばせようと、オルガン教室に送りこみました。ここでも私は「早く終わらへんかな。早く帰りたい」とばかり考えていて、ほかの子のように練習に専念することはできませんでした。

　先生に「今日はそろそろ帰らせてくれませんか」と頼んだり、「今、何時ですか？　あとどれくらいで終わりますか？」と聞いたりして、先生をうんざりさせたのです。そんな具合ですから練習に身が入るはずもなく、いつまでたっても基本的練習曲すらマスターすることができません。しかし、子供心にもプライドがあるため、鍵盤《けんばん》を叩《たた》き、間違えるたびに、「できない自分」の劣等感がこみあげてきてイライラするのでした。

　腹が立って鍵盤をジャーーンッと一気に叩き付けたり、泣きだしたりするということを繰り返し、親には水泳教室と同じパターンでやめさせてほしいと頼み続けました。

　心の奥底では、「できる」ようになり親が私を放っておくようになるよりは、「できない」おかげで「かわいそうに」とかまってもらえるだろう、そんな潜在的な思いがあったため、私は頑張ろうにも頑張れず、やはり劣等感を温存したまま、オルガン教室をやめさせてもらいました。やめることができたとき、地獄の淋しさから一瞬だけ救われたような気がしたものでした。

「ああ、お父さんとお母さんは、僕がオルガンできへんでも、ここにいていいよって言ってくれてるのかな。よかった」と。

しかしながら、「たとえ金貨の雨を降らせたとしても欲望が満たされることはない」と『法句経《ほっくぎょう》』に言われるように、欲望が実現したときの快楽、大量に放出されるドーパミンの効果はすぐに消えてしまい、すぐにまた物足りなさ、淋しさが襲いかかります。一度快楽を味わったからこそタチが悪く、快楽を味わえない状態では落ち着いていられず、イライラ、そわそわすることになるのです。

もっと見ていてもらわないと不安で死にそう。

もっと愛情がないと足りない。

もっともっと、と愛情中毒になっていくのでした。

この愛情中毒にまつわる、さらにお恥ずかしいエピソードも思い起こされます。

それは私がいくつになってもずっと自分を「りゅうくん」と称していたことです。しゃべり方は、いつも「あんなー、えっとなーりゅうくんなー、おなかすいてんけどなー、おやつ食べたいねん」といった風情で、「あんなー、りゅうくんなー」という甘えた前置きを伴っていたのでした。

「甘えた」と表現しましたように、自分のことを「僕」とか「オレ」という抽象的な人称代名詞で呼ばずに、自分の名前、それも特に愛称《ニックネーム》で呼ぶのは、次のようなニュアンスを裏メッセージとして含んでいるように思われます。

「こんなかわいらしい愛称をもった自分は、優しく大事に扱われてしかるべきだ」と。

このように自分を「弱くて庇護《ひご》されるべき存在」としてイメージ操作すること。そこにも確実に大事に大事に愛されたい、「注目されたいヨー」という「慢」がうごめいています。

母がこぐ自転車の荷台に座って、背中ごしにいつも「あんなー、りゅうくんなー」と話しかけては、「なに？」と返事をもらうだけもらって、意味もなく「あんなー、りゅうくんなー」を繰り返す。そのため、母がイライラしているときなどは、「『あんな、あんな』ってそればっかりでウルサイわっ」と怒られ、甘えが打ち砕かれてひどく悲しくなったことも、たびたびありました。

しばらくは幼稚園でも「りゅうくんなー」と称していたのですけれども、ある日、ちょっと発育が早く頭の良い子から、こんな指摘を受けたのでした。

「うっわー、恥ずかしっ。『りゅうくん』って、女みたいに自分の名前言って、恥ずかしくないん？」と。

他人に自分がどう思われているかに敏感だった私はすこぶる恥ずかしくなって、それ以来、外では自分のことを「僕」という人称代名詞で呼ぶようになりました。「あんなー、僕なー」と。それでも甘えぐせが抜けないこともあり、しょっちゅう「りゅうくんなー」と言ってはハッとして赤面するという不自由感に苦しんだものです。

やがて、友人や先生の前では「僕」と言えるようにはなりました。しかしながら、両親や親戚の前では、いつまでたっても「りゅうくんなー」と言ってしまうのでした。それは小学校高学年になっても続き、中学に入って一見すると反抗期に入ってもなお続き、驚くべきことには、（のちに記すように）虚無的世界観に浸っていたつもりの高校時代にもいっこうに直らないのでした。

このことは両親も含めた親戚中の笑いの種となっており、叔父のひとりなどは中学時代に「龍之介が高校生になっても『りゅうくん』って言っているのに賭《か》けたるわ」などと冗談めかして、私の両親に具体的な賭け金を口にしていたのも覚えております。

さすがに、虚無的な無頼を気取っているにもかかわらず、「りゅうくん」などと家で言っている矛盾には耐えられず、高校のとき、なんとか親に向かって「僕」と言おうと試みました。ところが、主観的には「僕」と言いたいつもりでも、まるでなにかの呪いにでもかかったみたいに、喉も唇も硬直してしまい、言葉が出なくなる。「ボ……」と喉元まで出かかった音が、力なく消えていき、やはり「りゅうくん」と言ってしまうのでした。そしてそれが口惜しい一方で、心の底では「こういう恥ずかしい、いつまでたっても『りゅうくん』と言ってしまう変な自分、ダメな自分のままでよかった」という、奇妙な安心感が隠れていたようにも思われます。

それはあたかも、「水泳ができずに泣いてばかりのダメな自分だからかまってもらえて安心」「オルガン教室にひとりで通えるようになったらかまってもらえなくなり、見捨てられるのではないかしらん……」「オルガン教室にちゃんと通えないダメな自分のおかげで見捨てられなくてよかった、わーい」と同じように。

こうして「愛されたい、淋しい、見放さないで」という慢の業が深く心に刺さっており、いつまでも影響《エコー》していたため、自分の思うとおりに「僕」と言うことすらできなかったのです。

ようやく「りゅうくん」と言うのが終わったのは、高校三年生になってからのことでした。それほどまでに、私の「愛されたいヨー」の渇愛、慢の煩悩は激しく私を苦しめていたのだと申せましょう。

それにしましても、ここまで不安で愛情中毒の淋しがり屋さんができあがるまでに、どんな前歴があったのか。それをちらっとひもといてみることにいたしましょう。

高校時代から七歳年上の父と交際していた母は、高校卒業と同時に父と結婚し、ほどなくして私を出産しました。夢見がちであり、遊びたい盛りでもあった彼女にとって、母親になるというのはひょっとすると、あまりにも荷が重すぎたのかもしれません。母は漫画家を目指していて、部屋にはいつも大量の漫画が置かれていたのを覚えています。

本書を記すにあたって、母に当時のことを尋ねてみますと、両親は生まれて一年ほどの赤ん坊を家に置いて、たびたびふたりで遊びに出かけていたのだということを話してくれました。泣きじゃくる私を寝かしつけてから、「寝ているから大丈夫」と、当時、ふたりが夢中になっていたインベーダーゲームをやりに出かけていたそうです。

そして帰宅すると私が金切り声をあげて泣き叫んでいて、それをあやすのが大変だったようです。しばしば両親が帰らず、私の泣き叫ぶ声があまりにもうるさいため、隣の「谷沢さん」というご婦人が、家に入って私をなだめてくれたこともありました。

私の、物心ついた頃の記憶をたぐり寄せてみますと、公園でわんぱくに遊びすぎて滑り台から転落し、両親をハラハラさせたような陽気なエピソードもある一方で、両親の帰りを待ってえーんえーんと泣いていたシーンとか、その淋しさの中で、涙でにじんだ目に窓ガラスの光が綺麗《きれい》に映り、一瞬だけ気が紛れたこととか、涙でグズっていた記憶が多いのです。それらの記憶には、「捨てられたのかも」「もう帰ってこないのかも」といった淋しい妄想が、まとわりついているのでした。


ただし、ここで「なるほど。小さい頃に親にほったらかしにされると頭のおかしい子供になるのか」と短絡的な結論を導くつもりは毛頭ありません。

同じ状況下でも、それを受け入れて「まっ、いっか」と強く育つ子供もいることを考えてみますと、生まれながらにして「足リナイ、足リナイヨー」ともがき、淋しがっていた私の業ゆえに、たまに放っておかれる程度のことに対して病的な苦しみを感じてしまう弱さをも備え持ってしまっていたのだと申せましょう。

ですから、世の中にはしばしば、己の心の歪《ゆが》みを親のせいにする言説が見られますが、親のせいでおかしくなった、という言い方は成立し得ないのです。自分の心のせいで、親からの扱われ方をきっかけに悪影響を自分でつくり上げた、というのが厳密な言い方になるでしょう。

あくまでも自分の心が原因であり、他人は間接的にしか関係がない、たとえ親ですらそうである、と申せます。その意味においてこそ、本当は私たち一人ひとりが徹底的に孤独なのです。

## 自己顕示欲の塊

さて、私の子供時代の話をさらに進めてまいりましょう。前述のとおり、かくも私は人から見ていてもらいたい、ひとりぼっちにしないでほしい、認めてもらいたいという感情がひどく強い子供だったように、ほろ苦く思い起こされる次第です。

自分が集めているシールを見せて「すごいね」と言ってもらいたいとか、そういった他愛もない話を含め、絶えず自分をアピールしようとする子供でした。もちろん、私がシールを見せれば、親は自分の役割から、ちゃんと「すごいわねえ」「よかったわねえ」と言ってくれるのですが、敏感な子供である私からすれば、その言葉はただの心のこもらぬ棒読みにしか聞こえません。「本当は全然すごいなんて思ってない」「自分が価値を見いだしているものをなんとも思ってくれないんだ」と、傷ついたりもしていました。どんなときでも親にかまってもらいたい。それはすべての子供に共通する感情で、本能とも言えます。しかし、私はそれが極端に強かったようです。

隣の人が挨拶にやってきて、親が私のことを放っておいたまま話しこんだりすると、親に無視されたような気持ちになって、悲しくなり涙ぐむ。そこで騒ぎ始めて、隣の人を差し置いてまで親の注意を引こうとしたりなんてこともしょっちゅうのことでした。とにかく、自分をいちばんに思ってもらいたい、そう思っていたのでした。

そういえば、こんなこともありました。

私は小さな頃から、体のあちらこちらがまるで老人のようにこっていてダルかったり、痛かったりすることがよくありました。そしてダルいところを、ポンポンと叩いたり、ギュウギュウと押さえたりすると、ダルさは和らぎ、とても気持ちがいいのです。そのため、「お父さんやお母さんも気持ちよくしてあげよう」と父や母の腕をギユウギュウ押さえてあげていたのですが、「イタイ!! どうしてそんなに人のイヤがることをするの?」「ヤメろ!」と怒鳴られるのです。

一度怒られたら、もうやらなければいいのに、「気持ちがいいはずなのに、おかしいなあ?」という表面的な意識と、怒られてかまわれてショックで泣いて、という刺激を求める気持ちが無意識にあったのでしょう。しょっちゅう両親にまとわりついては、「なあなあ、気持ちいいやろ」と言い、怒られるというのを繰り返していました。

理由もわからない、言いようのない淋しさが「イタいからやめなさいッ!」と怒られるときに一瞬まぎれるようなのでした。家で本を読んでいる父に、よくまとわりつき、父の眼鏡を奪っては壊してしまっていたのですが、そのときもやはり、怒られることで奇妙な安心感を得ていました。

そして親以外の人間にも、激しい「自分を見て見て」モードで接しておりました。幼稚園の先生に対しても同じで、先生にはとにかく「偉いねえ」と褒めてもらいたかったのですが、残念ながらいい子ではなかったので、当然、私の願いが叶えられることはありませんでした。バタバタ、ギャーギャー、周りと一緒に騒いでいるような子で、むしろ先生には疎《うと》んじられていたように思います。

先生に注目してもらいたいから、その手段として騒ぐのですけれども、自分の我をむきだしにして、そのうえで認めてもらいたい、この自分に注目してもらいたい、と思っているから厄介です。おとなしいイイ子だったら「よしよし」と言ってもらえて、先生のお気に入りになれるのでしょうけれども、認めてもらいたいと思いながら、先生を困らせるようなことばかりやるわけですから、それではうまくいくはずがありません。

それは小学校に入ってからも変わることなく、認めてもらいたいと望み、とにかく始終ふざけて騒ぎ立てる、先生からすると実に困った生徒であり続けました。

## 劣等生の烙印

「慢」の煩悩をキーワードにして心の動きを分析していけば、子供が騒ぐことにもそれなりの理由が考えられます。

子供社会の中では、楽しく大騒ぎして目立つことが、仲間たちの中心となるためにもっとも効果的な手段です。ほかの子供たちの注目を集めることができて、ある種の権力を握ることができる。自覚的ではないにしろ、騒いでないといられないというのは、周囲から唯一無二、オリジナルの存在として認められて子供社会の中心に立つことを激しく欲しているからではないでしょうか。

もちろん当時は、そんなことを意識しているはずもなく、あとから分析的に振り返ってみて言えることなのですけれども、私はまさにその典型のような子供でした。物心ついた頃からずっと「認められたい」と願いながら、自我をむきだしにしてワイワイ、ガサガサ、ギャーギャーとうるさく騒ぎ続けていたのでした。当然ながら、小学校に入ってからも先生に認められることはありませんでした。

今でも記憶に残っているのは、小学校三年生のときの家庭訪問です。担任の教師が家にやってきて、親に対して、私のことをあしざまに報告したことがありました。クラスにひとり知的に障害のある子がいたのですが、「小池君は、その彼の次に成績が悪く、最悪でどうしようもない生徒だ」と言ったのです。

加えて、この教師は「小池君は将来、絶対にろくでなしになる」と親の前で断言したのです。当然のように私の親が怒りだして大喧嘩《おおげんか》になったのですけれども、実際にその後、ろくでなしになったのですから、ある意味正しい予言ではあったことです。

それくらい、私という子供は、先生に認められない存在でした。認めてほしいと思いつつ、認めてもらえない。むしろ否定的烙印を押されてばかりでした。

自分勝手でうるさい、よくいえば天真爛漫《てんしんらんまん》、やたらと明るいだけで人に迷惑をかけてばかり。そんなむきだしの自分を受け入れてもらうために、子供心にもなんとかしたいと思って努力をするわけですが、うまくいかない。

大人ならば、認めてもらうために自我を抑えてうまく付き合おうとすることもできるでしょう。ある程度は妥協しないと認められないんだよ、社会というのは百パーセントの自分を押し付けても通らないんだよ、ということを覚えていくのが「大人になる」ということのひとつの側面であるのかもしれません。

ですけれども、むきだしの自分を少し弱めればいいだけなのに、私はそれができない。むしろ余計に騒ぎ立てるばかりでした。極めてわかりやすく単純な「慢」の塊そのものだったのです。

授業中にまで友達と大騒ぎをしたりバタバタしたり、先生に当てられるとふざけたことを答えて授業の邪魔をしたり。そんな子供がクラスメイトからどう思われていたか。あるとき、一人ひとり、クラスのメンバー全員に対して一言メッセージを記して、それぞれが約三十人から匿名メッセージをもらう、という企画が行われました。記憶によれば、その中には、「小池君が面白いことを言ってくれるのは楽しいのですけれど、いつもうるさすぎて迷惑なので、もう少し静かにしてほしいです」というニュアンスのものが、五通以上ありました。

もっと率直に、「うるさいから腹が立つ」とか、「人の気持ちも知らないでイヤなことを大声で言うのをやめてください」といったことを記しているものもありました。「僕の騒ぎ方は、みんなに楽しく受け止めてもらえて、素敵な目立ち方をしているんだもんね」と思いこんでいた私は、これらのメッセージに少々ショックを受けました。実はみんなに嫌われているのかも、と。

それから数年後、私は小学六年生のときの宿題の作文に、こんなことを記しました。それは新学期が始まるにあたって「今学期の抱負」を書く、という、課題の作文です。

僕の今学期の抱負は、今度こそがんばって、授業中にふざけたり大騒ぎしないで、みんなの迷惑にならないようにすることです。

だけど僕はきっと、この抱負を守ることができないような気がします。これまでも何度も「よーし、もう悪さはしないし、先生やみんなに迷惑をかけるのはやめよう」と思ったのに、なぜかいつも結局は迷惑をかけてしまったからです。

でもいちおう、できるだけのことはやってがんばりたいと思います。


この作文に対して先生は、「最初から諦めてしまわずに、頑張ることが大事ですね」と正論で返してくれました。それはともかく、この作文からは、幼少期からすでに、「自分はなにか得体のしれない狂気のようなものに突き動かされていて、勝手に羽目を外してしまう」ということに、うっすら気づき始めていたことがうかがえます。

そう、騒いで怒られて注目を浴びて、それは主観的には決して心地いいことではなくて、むしろ苦しいことでした。ですから、やめたい。なのに、やめられない。

主観的にはやめたいと思っていても、心の奥底では「淋シイヨ、淋シイヨ、注目サレタイヨー、カマッテモライタイヨー」という「慢」の煩悩がうごめいていて、自分がより苦しむほうへと、引きずられてしまうのでした。

## 「今日、遊んでくれる?」

友達との関係においてもまったく同じことが言えました。

多くの人が体験することだと思われるのですが、小学生の頃は、異性に対するよりも同性の友達が大好きで、疑似恋愛にも近い感情で、いつも一緒に遊びたいと思ったりすることがあります。とにかくいつも一緒にいて相手にしてもらわないと気が済まない。他人との付き合いを一方通行でしか考えられませんから、大好きになると自分のすべてを押し付けようとするのです。

私にもひとりとても好きな子がいました。その子はボードゲームをつくったり、新しい川遊びを考えだしたり遊びを発明する天才で、みんなの人気者でした。私はとにかく、その子と一緒にいたくて、いつも「今日、遊べる?」「今日、遊べる?」と言っていました。しかも、断られるかも……遊んでもらえないかも……と弱気になっているがゆえに、その言い方も「遊ぼう」ではなく、「遊んでくれる?」といった下手に出た言い方で、そして、「今日はムリ」とか「みんなと一緒に遊ぼう」などと言われたりすると、淋しさが刺激され、ひとり傷ついたものでした。

もちろん、その子にも他意はありませんし、私のことを友達のひとりと認めてくれてもいたことでしょう。しかし、自分がその子のことを100くらい好きで、毎日でも一緒にいたいのに、どうやら彼は60くらいの割合でしか自分にパワーを注いでくれない（と感じる）。一応は友達だと思ってくれてはいるでしょうから仲良く遊ぶのだけれど、彼にとって私は何人かいる友達のうちのひとり、くらいの認識でしかない。そのことが淋しかったのです。

遊びに誘うのはいつも自分からで、たまに向こうから「遊ぼう」といってもらえるとすごく嬉しい。でも自分が誘ったときに断られたりすることがあって、それだけでも悲しいのに、その子が別の子と遊んでいたことを知って「ガーン」と大きなショックを受ける。自分も彼に対して、たくさんいる友達のひとりとして60くらいのパワーに抑えて接すれば、そこまで傷つくこともないのでしょう。けれども、それがどうしてもできないのです。

また、当時の友達関係を振り返って思いだされるのは、私には、心の奥底にいつも「友達から見捨てられるのではないか」というような不安がつきまとっていたことです。「今、目の前では仲良くしてくれているこの子も、きっかけさえあればすぐに僕から離れていくかもしれない」と。

その不安に怯《おび》えていることは当時、明確に自覚できていませんでしたけれども、実際はその不安ゆえに、友達に対して過剰にサービスしてしまうようなところがありました。

今でも思いだされるのは、家族との食事中に友達が遊びにきたときのことです。そんなとき、たとえどんな大好物を食べていても、私は「ゴメン。ごちそうさまでした」とすぐに食べるのをやめ、友達との遊びを優先させたのでした。ドタバタと慌てて自分の食器を片付ける私を、両親は「そんなに急がなくても、食べている間は部屋で待っていてもらいなさい」とたしなめたものです。しかしながら、私は少しでも待たせたら嫌われるのでは、とか、友達が二人以上で遊びにきている場合なら、私がいない間に先に盛り上がってしまって、あとで私が部屋に行ったときには仲間外れになるんじゃないかしら、などと妄想して、気が気ではありませんでした。

友達が来たらすぐに食事を投げだしてしまうくせは、せっかく食事を作ってくれた母をがっかりさせましたし、それで怒られもしました。私は単に「だって、友達のこと、むちゃくちゃ好きやねんもん」と答えて、自分でもそのつもりでいました。

また別のエピソードとして思い起こされますのは、小学六年生のある日、ほどほどの仲の友達から、こんな指摘を受けたことです。

「キミって、僕の言うこと全部に反応して相づちを打ってくれるよね。普通だったら無視するようなことでもリアクションをしてくれるから驚くなあ」

事実、私は友達の話をいつも必死で聞いていて、すべての言葉に相づちを打つ「サービス」をすることで、なんとか仲良くしてもらおうとしていたのでした。一言一句も聞き逃すまい、と。

単に友達がよそ見をしてため息をついても、いちいち「どうしたの？」などとフォローしようとする必死さは、本人の意図に反して友達には圧迫感やうっとうしさを感じさせていたように思われます。

その必死なサービスぶりは我ながら苦しかったのですけれども、当時は「友達思いのいい人間」と自分のことを思いこんでいましたから、やめられませんでした。

が、今になって振り返ってみますと、「友達思い」とか「友達が大事」といったような子供なりの建前の裏には、いつも「自分は好かれていないのでは」という不安に裏打ちされた渇愛があったのです。ですから、友達と遊ぶことに必死になっていて、正直なところ、楽しいときですら心の裏には息苦しいような感じがついてまわっていたようにも思います。

それだけに、遊びや会話が楽しく過ごせた日の夜などは目を瞑《つぶ》って、「タケちゃんと僕はいちばんの親友。二人の友情パワーは100ポイント増えました」とかなんとか、儀式的な妄想に浸ったものです。しかしながら、そういった快感は一時的なものにすぎず、次の日になるとすでに「友情」の印象は色あせてしまっています。ずっと同じレベルで快感を覚えておくことはできず、再び淋しさが戻ってくるのです。そうして、淋しさに駆られて相手に電話をかける、ということを、毎日毎日繰り返す。すると、相手の親から「今は勉強中ですから遊べません」と言われたり、本人から「毎日、同じ子と遊びたくないもん」という反応をされたりするようになります。ある意味では当然ではあるのですが。しかし、遊んでもらえない日があると、まるで失恋でもしたかのような傷心に陥り、目の前が真っ暗になって一日中、なにもする気が起きなくなったりもするのでした。

ある日、電話で遊ぶのを断られたけれど、直接、相手の家に行ったら入れてもらえるかも、と少々強引な行動に出たことがあります。淋シイヨ、淋シイヨ、と自転車をこいでその子の家の玄関に着き、チャイムを押すのですが、どうも中の様子がおかしい。

すりガラスの向こうに何人か同級生がいるような気配があり、「ほら、来たで」「入れんとこうな」などと声が聞こえてきます。扉を叩いて、「おるんやったら僕も交ぜてえな」と言ったところ、中からは「いませーん。お帰りください」とみんなの声が返ってきました。彼らにとっては、たまたまこの日のターゲットになった淋しがり屋をからかって楽しんだだけのことだったのでしょう。

しかし常日頃から、「いつ見放されるんだろう」という怯えの中にいた少年にとって、そのショックはあまりに大きく、涙にくれながら、とぼとぼと自転車を押して帰りました。「死んだほうがましやわ、ヒック」などと、独り言を言いながら。

相手を独占して、いつも自分のほうを向いてもらわないと不安で不安で、相手に近づきすぎる。それが相手をうんざりさせる、というパターンはとても根強いものだったのです。

さらに厄介なのは、ただ自分のほうを向いてもらえればいいというわけでもないことです。念願のファミコンを買ってもらい、それをきっかけに友達がよく家に遊びにきてくれるようになったことがあります。特に、『ドラゴンクエスト3』を発売日に買ったときには、それを持っている子が少なかったので、たくさんの子がわが家に集まりました。交互にプレイして、今思えばなにが楽しかったのかわかりませんが、人がゲームをやっているのを見ているだけでも興奮したものです。しかしながら、うちに遊びにきてくれる友達が増えたようで嬉しかったその一方では、淋しさが潜在意識の中に密《ひそ》かに植え付けられていたようにも思われます。

「ファミコンがあるから、みんな遊びにきてくれる。ファミコンがなかったら来ないんでしょ。僕ではなく、ファミコンが好きなんでしょ」と、無自覚ながらも心の片隅でうっすら感じていたのも否めません。

人気のゲームソフトだったり、エアガンだったり、みんなの興味を引くなにかを手に入れて、友達を呼ばなきゃという気持ちと、それがないと遊んでもらえない自分。そんな満たされなさ感が、繰り返し私の心に刻印されていったような気がします。

しかしながら、結局のところ、これらすべては存在意義の問題でしかありません。自分がどれだけ他人に認められるか、他人から求められるだけの価値が自分にあるかどうか。親や先生に認めてもらいたいのと同じように、友達と遊ぶときにも「こんなにすごい自分」を見いだしたかっただけ。１００のパワーをその子に注ぐのも、同じように１００のパワーを注いでもらえるだけの自分でありたい、そのような人間であると認めてもらいたい、という「慢」にほかならないのでした。

## 繰り返した「いってきます」

私は十一歳のときに山口県に引っ越すまで、大阪に住んでいました。父は山口県内の寺に住職として移るまで、大阪の中学校で教師をしていました。今ではすっかり絶滅してしまったような熱血タイプの教師です。怒るときは恐ろしい怒り方をする人で、相手が誰であれビシバシと遠慮なく叩くような人でした。虚弱体質だった私を風呂場《ふろば》に連れていって冷水を浴びせるなんてこともありました。

先に紹介しましたとおり、私は極度に淋しがり屋の子供でした。そんな私を心配してくれた父はなにかと私の面倒を見るようになり、いろんな面でか弱い私を鍛えようとしていました。

「弱いのはダメだ。強くなれ」と冷水を浴びせられることは、単に水の冷たさがキツくてイヤなのではありません。実際は父も、我が子を大事に思うがゆえに鍛えてくれようとしていたはずですし、体育のできない私のために、野球の練習やバレーボールの特訓など、ずいぶんいろいろと付き合ってくれました。それには嬉しく思う一方で、同時に混ざっていた、「お父さんは、弱いままの僕のことがキライなんだな、好きじゃないんだ」という淋しい思考ゆえに、苦しくもあったのです。

それに付随して思い起こされますのは、先ほども申し上げたように、小さな頃、私は好きな友達に電話をしては遊びに誘うのですが、その都度、父から怒られたことです。私は誘っても「うん、いいよ」と言ってもらえる自信がないせいもあり、いつもフニャフニャした小声で、「あんなー、えとなー、んーとな……よかったら、遊んでくれへん?」などと言っていたのです。それを聞いた父は「もっとはっきりシャキシャキとしゃべりなさい」と言う。私は言われたとおりにしようとするのですけれど、やはりしどろもどろになってしまい小声でボソボソと電話をしてしまいます。

それを聞いた父はしばしば、「どうしてちゃんとしゃべれないんだッ。ちゃんとしゃべれって言ったのに、やる気がないのか」と私を叱《しか》りつけました。

私はしゃべれなくてもいいよ、と言ってほしかったのだと思います。ちゃんとしゃべれなくても、お前のことを大事に思っているよ、と。

そういった「愛されてる感」が欲しくて欲しくて仕方のない淋しがり屋の私は、親の一言一言に「このダメな自分は必要とされてない。愛されていない。淋しい、淋しい」と思い続けていたような気がいたします。

そんな淋しがり屋さんが家を出て学校に行くとき、何度も「いってきます」と儀式のように繰り返して言ったものでした。

居間を出るときに「いってきます」。「はーい、いってらっしゃい」とやり取りをしたのも束《つか》の間、玄関で靴を履くときに「いってきまあす」と居間まで届くように声を張り上げる。返事がないと、もう一度、「いってきまあす」。「はいはい、聞こえてますよ、いってらっしゃい」という声を聞いてようやく立ち上がり、玄関の扉を開けながらもう一度、「いってきまあす」。少ないときでも三回くらいは「いってきます」を言ってから出かけていったのです。

このように私が「いってきます」を連発することは父母から物笑いの対象になっていて、「そんなに何回も言わなくてもわかっているのにね、ふふふ」といったふうに軽くあしらわれていたと記憶します。

しかしながら、私は言い知れぬ不安に脅かされていて、「いってらっしゃい」と答えてもらっても、満足できないのでした。何回も何回も繰り返し確かめても、どこかで「自分はちゃんと相手をしてもらってないのではないかしらん」という疑念がつきまとっていたのかもしれません。

この「僕のこと、ちゃんと見てくれてるの？」ということに過剰に執着する煩悩こそが、後年になってからは親以外のあらゆる人間に転移して、周囲の皆を困らせ傷つけることになるのでした。

この淋しさという、得体の知れない病気のために。

## 満たされているから感じる空しさ

厳しい一面を持っている父ではありましたが、私がすぐに泣いてしまうのに対しては、ずいぶん困っていたようで、全体的にみると、甘やかされていたようにも思われます。赤ん坊の頃はともかく、傍《はた》から見たら特に何不自由なく育てられているのに、愛情が足りない、もっと欲しいなんて、「いくらなんでもワガママすぎ！」と感じられるかもしれません。しかしながら、それこそが煩悩というものの本来の姿なのです。

経済状態が逼迫《ひっぱく》して衣食住が足りていないときは、最大の悩みはお金のことですから、心の悩みなどに気持ちが向かう余裕はありません。実際、戦争中に親の愛情やら、己のアイデンティティといった贅沢《ぜいたく》な問題に悩む人はほとんどいなかったはずです。戦後すぐの頃も、大半の人々にとっては、そんな心の問題なんかより、とにかく日本という国をなんとかしなくてはならない、この貧困状態から抜けださなくてはならない、ということが喫緊《きっきん》の問題であり、最大の悩み事でした。そしてみんながむしゃらに頑張ったからこそ、高度経済成長が生まれた。

現在の日本は経済状態や老後の不安などもありますが、実質的な生活面での不安は少なく、それゆえに、自我に悩む人が大量に生まれてくるようになったと思われます。

それでも、ある意味よかったのは、経済成長を遂げようとも、国が豊かになろうとも、「悩みは消えない」ということがはっきりわかったことです。国が発展途上にあるときには、「自分たちが不幸なのは、経済的要因だ」という理由をつけて錯覚することができたはずです。豊かになりさえすれば悩みは解決できるはずだ、という幻想を抱き続けることができる。

けれども実際は、ご承知のように大きな発展を遂げました。しかし、それでも悩みはまったく解決しなかった。経済的には恵まれましたが、愛情やらアイデンティティやらの欠落を感じ、満たされることがないのです。

すでにご説明しましたように、「足りない―欲しい―足りない―欲しい」という無限連鎖のワナからは逃れられないのです。

この「満たされたはずなのに、満たされない」という気づきは、実は大変に重要なことで、それこそが仏道のルーツとも言えるところなのではないかと思われます。

ブッダは釈迦族の王子として浄飯王《シュッドーダナ》と、その妃、摩耶夫人《マーヤー》の間に生まれました。大変なお金持ちでもあり、いろんな意味で満たされた環境の中で生まれ育ったわけです。すべて満たされているのに、空《むな》しい。

多くの宗教の創始者というのは、たいてい本人が貧しく、その貧しさによるルサンチマンから始まっていることが多いのですが、ブッダの場合はそうではありません。たとえばキリスト教では理想的な境地・天国という場所があって、そこへ行けばすべてが満たされるという幻想が提示される。ところがブッダは、人々が憧《あこが》れる天国のような場所で暮らしながら、空しさを覚えていました。

この空しさをどうにかするためには、心の構造そのものを変えないとどうしようもない。そうでなければ解決することはありえない、というところにブッダは思い至った。それが仏道の原点です。満たされたいと願う限り、どんなに満たされているように見えても、「足りない―欲しい―足りない―欲しい」という一切皆苦の連鎖から逃れることはできません。

古代インドというのは、マガダ国とかコーサラ国などといった大国が生まれるとともに、貨幣経済が発達したところでもあり、そのような場所で仏教が生まれたというのも、実にシンボリックなことと言えるのかもしれません。

## 「キャラを演じる」ということ

ある程度、親の愛情に満たされていても、あまりに強い子供の渇愛は、歪みを生じさせてしまうケースもあります。

私の友人に、親との関係に苦しみ、成人してうつ病になってしまった人物がいます。彼は私と違って子供のときから優秀な生徒で、勉強が良くできて褒められる子供でした。

「勉強ができるから」という理由で褒められたとき、なにが生じるかといえば、実は「自分が全面的に受け入れられた」という認識ではありません。親はもちろん、愛情を持って褒めるのでしょうけれども、子供にとっては、褒められた「理由」があるからにすぎない、と感じてしまいがちなもの。

本当は、勉強ができようができまいが、ダメな部分もなにもかもすべてひっくるめて、あるがままの自分を全部受け入れてほしい。それが最初にある、プリミティブな子供ならではの強烈な「慢」の姿。

けれども、これがあるときから徐々に形を変えていくことになります。自分をむき出しにしていても受け入れられないが、勉強ができると認めてもらえる。だから、褒められるために、勉強をする。掃除をちゃんとやるとか、挨拶ができるとか、「いい子」を演じていれば受け入れてもらえる、ということを覚えていきます。

今どきの表現で言えば、「空気を読みつつキャラを演じる」ということになるのでしょうか。

「本当は少しも楽しくないけど、楽しいフリをしていれば仲間として認めてもらえる」とか、「人の話なんて聞きたくないけど、聞き上手を演じていればイイ人だと思われる」とか、大人社会では皆、けっこう当たり前のように行っていることでしょう。そのような手段を、子供時代に知る。とりわけ親との関係において、まるでロールプレイングのようにしてキャラを演じ始める。

褒めて伸ばす教育というものがありますけれども、勉強ができる、テストで良い点を取ってきたら褒めるということは、裏を返せば、「よしよし、良い点を取った限り

において お前を認めてやる。（そのかわり悪い点を取ったらただじゃおかないよ）」ということを暗に言っているにすぎません。良い点が取れない自分は、誰にも愛されることがない存在なのです。

彼は、まさにそのような、優等生の「キャラ」を演じる子供であり続けました。そして、その結果、どのようになったかと申しますと、いつの間にやら「自分は勉強が好きだ」と思いこんでしまったのかもしれません。演じていたはずの「キャラ」を本物の自分と勘違いしてしまったのです。

子供は愚かですから、広い視野から自分を見渡すということができません。それが「キャラ」であるということに気づくことができないのです。勉強が好きな子なんて、そうそういるわけがなく、親から褒めてもらえる、認められるのが好きなだけ。褒められるというプレゼントがもらえるので、勘違いをしてしまう。

彼は親の期待に応《こた》えるために一生懸命勉強をし、とある一流大学に入りました。そこでうつ病を発症してしまうわけですが、彼は私に「親が褒めたせいでこんなことになった」というようなことをポツリと漏らしたのでした。親がいい大学へ行けと言ったからここまできたが、自分が本当にしたかったのはこんなことではなかった、と言うのです。

そこで私を交え、彼のお母様と三人で話をしてみたところ、意外なことがわかりました。

彼のお母様は「いい学校に行きなさい」とは一言も言ったことがなかったのです。勉強ができることを褒めはしたけれども、だから「もっと頑張れ」「ああしろ、こうしろ」というようなことはなにも言いはしなかった、と。

彼自身が親の要求がそうだと思いこんでしまい、その思いこみで勝手にプレッシャーを感じていたという次第。褒められたいという願望で「キャラ」を演じているうちに、親のキャラまでつくりだし、記憶をねじ曲げてしまう、なんてことは、簡単に起きてしまうことなのです。

親から認められたい、褒められたい、という過剰な欲求は、このようにしてありもしないキャラを生みだし、幻想を生みだしていったりします。

大人社会でも、自分が求めているものをよくよく見直してみれば、単に「世間で人気があるから」であったり、「それを手にすれば他人の羨望《せんぼう》を集められるから」であったり、そんな程度にすぎないことがよくあります。

子供時代に親に褒められたいという強い欲求があり、満たされない思いをしたぶん、世間の人々に認められたい、褒められたい、という気持ちが出てくるのかもしれません。

いずれにせよ、子供の場合は、なにも知らない未熟な存在であるがゆえに、幻想であることに気づかず、この彼のように追いこまれていくことも起こりうるのです。ともすれば大人でさえ自分でつくり上げた幻想に気づかないのですから。

親を観客にしていい子を演じ続けていると、「親が褒めてくれているから安心、安心」と錯覚しつつ、「もっと認めてもらえるように頑張らなきゃ」と暴走いたしますので、塩梅《あんばい》がわからなくなってしまうのでしょう。

そして皮肉なことに、ある時点で「自分は支配され操られているだけで、全然愛されていないのではないか?」という感情にとらわれることになります。「認められているのはキャラを演じている自分であり、自分自身はまったく認められていない」と親を逆恨みするようになる。愛されることを求めて必死に相手の要求に合わせようとすれば、必ず裏切られ、傷つくことになるのです。

## 便利な太宰治モード

さて、彼と違って子供の頃劣等生だった私はどうだったでしょうか。

私の場合は、求めても求めても人に認めてもらえず、それはそれで本当に耐え難い気持ちを抱えていました。欲しいものが手に入らないのですから、とにかくつらくてつらくて仕方がありません。その苦しさがあまりにも大きいので、なんとか自分の心の中で合理化しなければならないというプログラムが知らず知らずのうちに動き始めたのです。

そこで「そんなものは欲しくないもんね」というポーズを取り始め、自分をそのように思いこませていくようになりました。最初から欲しくないのだから、手に入らなくても、全然平気。親の愛も、先生の褒め言葉も、友達も、なにも欲しくない、ということにしてしまえば、悩む必要はありません。先ほどの彼とはまったく反対の方向で、無頼なキャラを演じ、ロールプレイングを始めたのです。

それはある日突然に、ということではなく、じわじわとそうなったように思われますが、きっかけは、六年生で転校した頃だったでしょうか。

大阪で過ごしていた頃は、関西の気質と申しましょうか、体当たり的な文化が身にしみこんでいて、しょっちゅう友達にぶつかっていったり、階段から突き落としたり、というような、けっこう激しいスキンシップをある種の友情表現として当たり前にやっていました。

ところが、山口の小学校へ行ってみると、大阪弁も変だと笑われてしまいますし、その体当たり的コミュニケーション方法が通用しないのでした。私なりの友情表現なのに、変人扱いされてしまう。そこから急に性格が内向化して、ひとりで本を読んでばかりいるような子供になっていきました。「みんなに認められたい」のに認められないのがつらいがゆえに、やがてスネたように「別に認められなくてもいい」に変わっていき、さらに「認められてないほうが格好イイもんね」へとかたくなになっていったのでした。クラスメイトと距離を置いて格好つけるというスタイルに変わっていきます。

つまりは群れを離れたアウトローを気取ろうとし始めたのでした。

物心ついた頃から、求めて、手に入らなくて傷つき、ということを延々と繰り返し、転校を機にますます挫折感《ざせつかん》にイラだつようになり、ポーズを取ることを覚えたのです。その後しばらくは、それでも認めてもらおうという努力だけはしていたように覚えています。いくら「欲しくない」と決めたからって、認められたい欲求は相変わらず残っているのですから。

ただ、それまで自分をストレートに出して相手にぶつけていたのが、「これはうまくいかないいんじゃないか」という不安が足枷《あしかせ》になって、少しずつ消極的になっていきました。

友達数人くらいでワイワイ話をしているとき、みんなが競い合って話題を奪おうとするようなことが生じたりします。それまでは、他の子の話題にかまわず自分の思いつくままに話しだすような子供だったのが、「この話題は受け入れられないかも」とゴチャゴチャ考えるようになって、友達といるのが少しも楽しくなくなってしまったのです。

長い間、受け入れられないことばかりで、私も学習したのでしょう。そのような暗い諦めの気持ちを抱くようになって、自分をさらに苦しめるようになったために、最終的に「どうせ手に入らないなら、本当にいらない！」というところへと、行き着いたような気がいたします。

決定的だったのは、中学一年生のときでしょうか。太宰治の『人間失格』を読んで、「あ、コレだッ」と思ってしまったのです。

そのときは心から感動し、「人間の真実はここに描かれている」などと思っていたのですけれども、今思えば、自分のつらい気持ちを合理化するのに、誠に都合のいい自己像だったにすぎないのでしょう。

端的かつやや乱暴に申しますと、『人間失格』の主人公、葉蔵の思考は次のようにまとめることができます。

「ほかの誰とも心を通じ合うことのできない自分はダメな存在です。生まれてきてすみません。しかし、なぜ誰とも通じ合えないかといえば自分がピュアすぎるからであり、実はダメさこそが汚れた世間と通じ合えない純粋さの証拠であり、素晴らしいことなのである。自分はいちばんダメだからいちばん素晴らしいのである」

自分の身の置き所がよくわからなくなったときに、世間に背を向け、自分だけは特別であり、世間に溶けこめない人間なのだ、という主人公の自己認識を、そのまんま自分に持ちこむ。そうすれば、私がやり始めた「認められなくても平気」というポーズを取るのも楽になるのでした。「そもそも自分はそういう人間なんですよ、だからアナタたちの承認なんて必要ないもんね」というアイデンティティを、太宰治を知ることによって簡単に手に入れることができたのです。

この「私はいちばんダメな、人間失格な存在です。生まれてきてすみません」という発想が、実は「自分はいちばん特別な人間なのである」という傲慢《ごうまん》さと表裏一体となっていました。

私たちは、知らず知らずに「慢」の煩悩にまみれながら、自分が他とは違った特別な存在でありたい、と思ってしまいがちなものです。つまりは、選ばれしエリートになりたい、と。しかしながら、それに挫折した私のような劣等感まみれの人間にとっては、ポジティブな形でエリートになることはできない。そこで「自分がいちばんダメなんだ」といじけることによって、自分ひとりだけがダメという差異化が可能となり、ある種のエリート性を手に入れてしまえるのでした。

いわば、ネガティブ・エリート。

この極めて便利な太宰治モードに入れれば、もうこれ以上は傷つかなくて済む、と思ったのかもしれません。実を申せば、太宰モードに入ったら入ったで「どうせ自分なんて誰ともわかり合えないし……」と暗い気分になるがゆえに傷のオンパレードだったりするのですが、そのような傷を負うことが、今まであまりにつらい思いを味わった深い傷から守る鎧《よろい》のような役割を果たしてくれたのでした。鎧としての傷口。「世間に適応できない人間」として、親や先生、友人たちの評価とはまったく無関係に生きようとする。「凡庸な悩みしか抱いていない他人と比べて、自分の苦しみは世界に自分ただひとりが抱いているオリジナルで崇高な、誰ともわかり合えない苦悩である。それを太宰閣下だけが理解してくださるのだ」といった具合だったのです。

## 友達からの決定的な拒絶

こうした屈折した心理へと閉じこもっていくプロセスで、決定打になったかもしれない出来事を思い起こしてみましょう。

当時、私が大好きで友達になりたかった子も、先生にはとても反抗的な同級生でした。言葉遣いはぶっきらぼうで、先生の言うことは聞かないし、課題もやってこない。授業にはちゃんと参加しないし、時々、喧嘩して人を殴ったりする。しかし、不良と違って群れない。そうした一匹狼《いっぴきおおかみ》的な面も格好いいと思い、憧れの気持ちを抱いていました。

私はその子と一緒にいたかったので、いつもいつも「遊ぼう」と近づいていったのですけれども、小さな頃からの独占欲がここでも出てきてしまいます。

私は誰かのことを好きになると、それ以外のことが一切眼中に入らなくなるほど、そのことのみに全力投球してしまう不器用な子供でした。山口に引っ越して以来、友達がいなくなった私は、毎日この子とばかり遊ぼうとしたものです。

当時、とても嬉しく思えたのは、クラスの文集に載せる作文を各自が書いていたときのことです。彼はいつものように課題をやらずに先生に怒られていたのですけれども、そのとき、先生が言いました。「なにも書くことがないなら、小池のことを書けばいいじゃないか。今までお前は喧嘩ばかりしていて誰も友達がいなかったけれど、初めて小池という友達ができたじゃないか。そのことを書きなさい」。

それを近くで聞いていた私は恥ずかしい一方で、彼が「いいえ、小池君は友達なんかじゃないんで」などと否定しやしないかと、ドキドキしていました。が、彼が「わかりました」とうなずくのを見て、すごく幸せな気分だったのです。ああ、自分のことを友達だと思ってくれているんだ、と。そして彼が遅れに遅れて提出した作文には、確かに私のことが記されていました。それを何度も読み返しては、じーんと嬉しさをかみしめたものです。しかしながら、そのような幸福な感覚はまるで長続きはしませんでした。

彼に毎日電話をかけては、例によって「今日、遊べる?」と聞き、遊ぶときには、ちょっと乱暴に体をぶつけるといったスキンシップを取ろうとしていました。これは私に身についていたコミュニケーションの方法だったのですけれども、あまりにも執《しつ》拗《よう》に近づいてはまとわりつき、身体的に接触するものですから、その子からあるとき、「ホモ」というあだ名をつけられてしまったのです。

彼なりの辛らつなユーモアとして「このホモ野郎がッ」と言われたりしていたことが思いだされるのですけれども、実際に彼は、いつも近づいてきては独占しようとする私をうっとうしいとも感じているようでした。子供時代のあだ名はすぐに広まってしまうものです。クラスメイトが皆、私を「ホモ」と呼ぶようになりました。女の子にもそのように見られるショックもありましたし、別のクラスの生徒からも「ホモのくせに」と言われて傷ついたりもしていました。

しかし、なにより私を打ちのめしたのは、自分の大好きな友達から、「ホモ」という排除のための烙印を押されたことでした。自分が思っているのと同じように相手にもかけがえのない存在だと認めてもらいたいという気持ちは、キャラを演じてごまかしてはいたものの、私の中に確かに居座っていたわけです。それゆえ、私は大変に傷つきました。

小学校時代、自分が思っているほどに友達は自分を思ってくれないのだな、という淋しさを感じたことはありました。けれども、このような拒絶は初めてのこと。この体験が、ますます私を太宰モードへと深入りさせていくようになった気がいたします。

このあたりで私の心は閉ざされて、傷つきたくないあまりに、これ以降は二度と同性の友達に対してこれまでのようなアプローチをしなくなったように思われます。こうして、だんだんと「どうせ僕なんて人間失格なんだから、誰からも好かれなくていいッ」というスネた価値観ができあがっていったのでした。

やがて後年、次は女性に対して再び、「渇愛」の心を向けるようになるまでの間は。

## 草食系男子の屈折した欲望

私は太宰治モードを利用して、どうせ自分は誰とも通じ合えないネガティブ・エリートなのさ、と格好をつけることで、「得られない」「認められない」ことに折り合いをつけていたのでした。そして、私と似たような経緯で引っこみ思案な性格になるタイプの方もたくさんいらっしゃるように思われます。求めるのに得られない、うまくいかないということを過剰に恐れて、求めようとしないがゆえの引っこみ思案。

昨今、「草食系」という名称で呼ばれる男子が増殖しているとのことですけれども、彼らが求めようとしないのは、「うまくいかない」ということはとても「格好悪い」ことで、プライドが傷つけられてしまう。そのことを恐れているのではないでしょうか。ここにも実に厄介な「慢」の煩悩が見受けられます。

女性とお付き合いしたくないのではなく、断られるのが格好悪いから、そんな思いをするくらいなら付き合わなくていい、という考え方。さらにいえば、なにも求めずボーッとしているだけで相手が求めてきてくれれば、自分のプライドが満たされる。自分の価値が認められたということになるのですから。

否定される事態はとことん避け、肯定される可能性だけを残して生きる。傷つくことを恐れて求めることができない無力さを、「自分が求めるのではなく求められる存在になる」という欲望に転化して、あたかも欲のないクールな態度を取る。

こうした求められたい、愛されたい、という欲望は、かつては女性の特権のようなものでした。それは、「自分はかわいい、庇護されるに値する存在だもの」という自意識と密接に結びついているように思われます。

ところが昨今、男性もまた「相手のほうから求められたい」と受け身になりがちなのは、傷ついた自意識が「愛され守られ、庇護されたい」という「慢」を、無意識に育んでいるからではないでしょうか。

私自身がそういった価値観に染まっていました頃を振り返ってみますと、ついつい選ぶ服装や雑貨などもフェミニンなものが多くなりがちで、「乙女だね」などと揶揄《やゆ》されたりもしたものでした。

今になって思いますと、愛らしいものやかわいらしいものを好むのは、次のようなメタ・メッセージをはらみます。

「こんなかわいいものを好きな自分はかわいらしい、庇護されるべき存在である」と。

こうして、女性らしいアイテム群を好む「オトメン」なる男性も増えているというのは、力強さを失った淋しがり屋の男の子たちが愛されたくてしょうがなくなっていることとつながっているように思われます。それも、そんな欲なんてないフリをしながら、というオマケつきの屈折した欲望として。

草食系にしろオトメンにしろ、受け身なタイプは欲や煩悩が少ないように見られがちですけれども、実際は己の「慢」を巧妙に隠し持っている人々と申せるのかもしれません。「キャラを演じている」という点で言えば、私や優等生だった友人となんら変わるところがないのです。

そして、「キャラを演じる」反動として、特定の人との深い付き合いの中では、かえってむきだしの自分をぶつけたいという衝動が強くなってくるものです。

友人に対してであれ、恋人に対してであれ、最初は相手に対してポーズを取り、よさそうなキャラを演じてみせるわけですが、キャラを演じながら相手とうまくいったって、決して満足することができない。そして、ある程度親しくなってくると、まるで相手を試すかのように、「これでもか、これでもか」とばかりにむきだしの感情をぶつけ、それでも好きでいてくれるかということを確認せずにはいられなくなる。これはまさに私自身がのちに経験することになることで、それは後段で振り返りつつ、分析いたしましょう。

# 第二章 怒り・嫉妬

## ——道化を演じた高校時代

## 根本煩悩のエネルギー

前章で触れましたとおり、仏道におきましては、欲望・怒り・無知という三毒をもって根本煩悩と呼びます。あらゆる煩悩がこの三毒の組み合わせによって起きると申し上げましたが、それだけではわかりにくいかと思いますので、これら三つの特質を簡単に説明しておきましょう。

三毒のうちでも、まずはベースになるのが無知（まよい）です。「無知」と申しましても、モノを知らないとか学校の成績が悪いとか、そのようなことではなく、感覚のセンサーが鈍く、物事を正しく見定めたり、心の変化をしっかり捉《とら》えることができない、といった意味においての「無知」です。

人間とは、頭の中で考え続けることがくせになっている生き物です。論理的に物事を考えているわけではなく、ただぼんやりとしているときでも、「今日の仕事はきつかったなあ」とか「晩ごはんは、なにを食べようかなあ」とか「映画観たいなあ」とか、「自分ってクダラナイことばかり考えてるなあ。あーやだやだ」とか。とりとめもないことを考え続けているものです。雑念とはまさに雑な心であって、心がさまざまな夾雑物《きょうざつぶつ》で散らかった状態になっていますから、感覚のセンサーが鈍くなるのです。

こうした「無知」によって心が現実の世界から離れ、妄想しがちになり、「脳内ひきこもり」のような状態に陥ることが、すなわち無知（まよい）と解釈できます。目の前のことを感じるかわりに、「なにかいいことないかな」と空想したり、「昨日はヤな一日だったなー」と思いだしたりする、その妄想のパワー、ということ。

そもそも煩悩とは、「煩《わずら》」わせ「悩」ませると書きますように、私たちの心身にダメージを与える毒素のようなものです。その毒素はどこで生成されているのかと言えば、ほかでもない、私たち自身の頭の中なのです。私たちは、自分を悩ませるさまざまな煩悩を現実のものと受け止めていますけれども、それは私たちの脳内でつくりだされた幻想にすぎません。外から入ってきた情報をねじ曲げ、自分勝手に脳内ストーリーを紡いで、その中を「ああでもない、こうでもない」とさまよっているのです。

心が現実世界を離れて幻想の中を漂い始めると、現実の生活において弊害が生じてきます。今、自分がやるべきこと、目の前にある仕事に対する意欲、集中力が確実に低下しますし、効率が落ちることによって無駄な時間を費やし、仕事の充実感も失われていくでしょう。

視覚、聴覚などの五感が鈍くなるだけでなく、「自分は今ここにいる」という身体感覚そのものが麻痺《まひ》してきて、身体操作が雑になります。たとえば、歩き方ひとつとっても、「考え事」の中に閉じこもりながら歩いていますと、徐々に悪しき歩き方のくせがついて、身体に負担をかけるうえに美しくない歩き方が定着してしまいます。心と身体感覚がバラバラな状態になれば、そのズレがさまざまなストレスを生みだしていくことになるのです。

煩悩を生みだすべく心の中でさまよう力こそがまさに無知（まよい）であり、それゆえに愚痴は、根本煩悩として位置づけられています。

そして、そのように脳内をグルグルとさまよう状態のエネルギー、混乱のエネルギーが強く作用することで、ほかの二つの根本煩悩、欲望と怒りが増幅してきます。

無知（まよい）が脳内をグルグルとさまよう「混乱」と「回転」のエネルギーとするなら、欲望は快感を与えてくれるものを引き寄せようとする「引力」のエネルギー、そして怒りは不愉快な対象を押しのけて排除しようとする「反発」のエネルギー、というように説明できるでしょう。

欲望はそのまま、「欲しい―足りない―欲しい―足りない」の無限連鎖にからめとられる、飽くなき麻薬性の衝動です。文字どおり、ドーパミンという脳内麻薬を放出して、快楽を繰り返したいがために中毒化します。「あれも欲しい、これも欲しい」という「貪り《むさぼ》」であったり、「自分は正しいのだ」と主張したがる「見《けん》」であったり、あるいは子供時代の私がとらわれ続けていた「自分はすごい、自分を認めてもらいたい」という「慢」であったり、欲望はさまざまな煩悩に発展していきます。

怒りは、わかりやすく申せば、なにかに反発を感じてしまう「嫌悪感」ということになるでしょう。日常的に使っている「プリプリ」「ムカッ」という感情だけでなく、もっと広い意味で解釈していただくとよろしいかと思います。妬《ねた》み、悲しみ、不安、緊張、後悔など、ネガティブな思考はどれも、なにかに対して「イヤだなー」という反発を感じてしまう、同じ種類のエネルギーが生じています。それらを総じて「怒り」と呼びます。

脳内の神経回路の視点から申せば、自分の生存にとってマイナスの情報によって危機が察知され、ノルアドレナリン神経回路が活性化されて、とても不快な状態になっているのが怒りだと申せるでしょう。あまりにも不快なために、目の前の出来事や人に嫌悪を感じたり逃げたくなったりと、私たちを身がまえさせて回避行動を取るよう命じてくる煩悩。

脳内をさまよう回転エネルギーが、真逆のベクトルを持った引力エネルギーと反発エネルギーの燃料となって、心身に次から次へと毒素を生みだしていく。すべての煩悩がそのようにして生じてきます。

脳内でグルグルとさまよい、なにかを引っ張ろうとしてもがくか、イヤイヤをして押しやってしまうか――。

煩悩を生みだすエネルギーはその三種類しかないのです。

## 「怒り」×「慢」＝クールな自分

さて、中学時代に太宰治にどっぷりと浸《つ》かってしまい、「求めないフリをする」ことで、心の中を占めていた「慢」と折り合いをつけようとした十代の私は、ますます

「無頼で虚無的なキャラを演じる」ことに執着していくようになりました。

他人に認められたいという思いがあまりにも強いのに、認めてもらえないのが苦しいので、「そもそも認められようとして媚《こ》びるなんてことは格好悪いことで、汚れたことだから、欲しくないもんね」と脳内情報操作をやってのけたのです。こうして「認められなくてもいいもんね」という演技をすることにたどり着き、クールなフリをして生きることを選択したのでした。これは、言うなれば「慢」の煩悩に攻撃的な「怒り」の煩悩が結びついた結果であると申せましょう。

反対に「怒り」の反発エネルギーが結びつくのではなく、「慢」の煩悩に「欲望」の引力エネルギーが結びついた場合は、「もっともっと認められたい」「自分はそんなダメな人間じゃない」という感情が強くなって、いい子を演じる方向へと行ってしまうことになります。俗に言う「ブリッ子」ですとか、学級委員気質とでもいうような性格が形成されてまいります。

前章で出てまいりました私の友人も、そのような方向へ向かって親の期待に応える優等生であり続け、そのプレッシャーにさいなまれたあげくにうつ病を患《わずら》ってしまったのではないかと思われます。

煩悩の表れ方は正反対。しかしながらどちらも「慢」にとらわれていることに変わりはなく、自分の価値を上げようという意志によるものである、という点ではまったく同じです。いい子ぶるのと斜に構えるのと——これはコインの裏表みたいなもので、「欲モード」と「怒りモード」の違いにすぎないのです。

「怒りモード」に入ってしまった中学時代の私は、とにかくいつもイライラし、些細《ささい》なことに腹を立てては頭痛や胃痛の種を勝手にこしらえていました。

父に対しての私の反発は相当なものでした。

あるとき、イライラしてばかりいる私を心配した父が声をかけてきました。

「お前に言おうかどうか迷っていて、言わないほうがいいような気もするんだけど、言うことにするよ」

父は私を心配しながら、なおかつ自分の言葉で私を傷つけまいと気を配り、優しく話しかけてくれました。しかしながら、当時の私は父のそのような思いやりに気づくはずもなく、反発して即座にこう答えました。

「言わないほうがいいと思うなら、最初から言うなよなッ」

傷つけないために言わないほうがいい、なんていう相手のことを思いやっている立派な父。そんな父親像を演じたいんだろうけど、そうはいかないぜッ、といきり立ったのです。

わかってもらいたいという気持ちがありつつも、「お前のことはわかっている」という父の態度がすごくイヤで、かえって、私のことはなにもわかっていないと感じたのです。

父からは、「お前は人の気持ちがわからない」と言われたこともありました。父は論理的に、「お前はこれこれこうで、他人の気持ちもわからずにものを言うから人を傷つけている。人を傷つけることはよくないことなので、やめるべきだ」というように私を諭したのです。しかしながら私は、論理で押さえつけられているような気がして激昂《げきこう》し、「言ってることはわかるけど、そんなことを言われてもやめられないよ。本当にやめさせたかったら、僕がやめたいなと心の底から思うように言えよ！　そんな言い方をされたら、やめるどころか、反発したくなるだろ！」と反抗したのです。

反抗したくなる原因のひとつとして、当時の私には、偽善に対する過剰反応がありました。「自分がイヤだから」という言い方ではなく、「お前のために」という言い方。

でも、結局、自分のために言ってるんでしょ？　物わかりのいい父親を演じるのが気持ちいいんでしょ？　と。

振り返ってみれば、十分に私のことを考えてくれていたのですが、当時の私の「渇愛」の強さゆえ、それでは通用しなかったのです。自分では理由もわからぬままに淋しくて淋しくて、完璧に自分のことだけを思ってくれていないと、少しでも相手の言葉に偽善が混じっているのは許せなかったのです。

## 不良への憧れ・嫉妬・嫌悪

太宰モードに入った中学時代の私は、むきだしの自分が認められないという怒りの煩悩にとらわれながら、虚無的なキャラを演じ続けていたと申し上げました。「自分は認められたくなんかないのさ」というクールなキャラだったわけですが、演じることで閉じこめられた怒りの煩悩は些細なことで爆発し、キレてばかりいる少年でした。

その屈折した気持ちゆえに、不良やヤンキーといった人たちに対して憧れを抱くようになります。

斜に構え、自分は凡人にはわからない崇高な悩みを持っている人間で、周囲の人間とはうまくやっていけないアウトロー、社会不適応者——などというお手軽な特別感を抱いていたのですから、それは自然の流れなのかもしれません。

とはいえ、不良仲間に入れてもらいたいと具体的にアプローチしたわけではなく、仲間に入れたらいいなあと思っていた程度のこと。私は私で、アウトローぶって学校のルールを破ってばかりいました。

私がやっていたことと言えば、授業中に将棋をしたり、紙飛行機をつくって教室の中で飛ばすとか、トイレのドアを蹴《け》って壊したり、机に所狭しと落書きをしたりといったこと。「ほら、僕って成績はいいけれど、勉強なんかしてないよ。遊んで先生に逆らっているよ。楽しい人でしょ」というアピールです。中学生なりの「慢」の気取りで、先生が怒りだしたりすると、理路整然と反論してみせたりもしていました。

中学二年生になる頃には、教室でなにか問題が起きるたびに、私がやったことでなくても、先生が「また、小池かあ〜！」と私を睨《にら》みつける、といったパターンができあがったほどでした。

たいしたこともないレベルの反抗でしたが、不良グループにしてみたら、私はとてもカンに障る存在だったようです。自分たちのグループに属していない人間がルールを破り目立っているのは、「ルールを破っていいのは俺たちだけだ」という自分たちの存在の特別性が脅かされるわけですから許せなかったのでしょう。「生意気だ」と、悪名高い不良に「シメてやる」などと言われて殴られることもありましたし、カツアゲにあったこともあります。

殴られることの恐怖もありましたが、アウトローを気取っていながら、ちょっとした暴力に完全にビビッてお金を差しだしてしまう自分がとても情けなく、悔し涙を流したりもしました。不良グループに対しては、「彼らは徒党をなさなくてはなにもできない、つまらないヤツらだ」という見方をして彼らを見下すようになり、弱くて情けない自分を保っていたようにも思います。

親や学校に逆らっているつもりでありながら、前述のように家では、甘えを伴いながら自らを「りゅうくん」などと称していたのですから、なんともやはり情けなく弱っちいアウトローなのでした。

## 高校でのお笑いデビュー

演じていたとはいえ、「自分の存在価値を高めたい」という「慢」はずっと私の心の中にあるのですから、うまく自分の価値を高められないことへの怒りは増すばかりでした。

高校に入ってしばらくたってからだと思いますけれども、演じるキャラとして、アウトローは温存しつつも、それと並行してお笑いキャラを見いだすようになります。

今でこそ修行を通じて以前と比べるとずいぶん変人っぽさは薄れたように思われるのですが、もともと私は「天然」と呼ばれるような、とてもウッカリな人間です。普通に言ったつもりのことが案外、とぼけていたりするものですから、自分がおかしな発言をするとウケる、ということに気づきました。こうすれば周りから脚光を浴びるんだ、ということを知ったのでした。

それ以来、ウケる、笑いを取るということにひたすら腐心するようになりました。

ウケると思った時点で、それをつくりこめばいいんだと思い、パターンとしてウケるものを抽出しては繰り返していたのです。

キャラを演じている自分という点においては、高校時代のこのお笑いキャラでクライマックスを迎えたのではないかと思います。

これもよくよく考えてみましたら、『人間失格』の主人公と同じ。

おどけてばかりいて、笑いを取るのが得意ではあるのですけれども、実は人と打ち解けるのが苦手で、心の中ではやたらとひがんでばかり。そしてウケようとしてわざとやっていることを見抜かれてショックを受けるという、あの主人公そのままです。

最初は天然ボケですから結構ウケていて、クラスのお笑い担当みたいな役割を担っていたのですけれども、その役割が定着した頃には、ウケるために一生懸命頑張って演じるようになっていました。そして頑張ったぶん、ウケなかったりしようものなら、そのショックはなかなかのもので、青ざめてその場から消えてしまいたいというほど苦しかったことを憶《おぼ》えています。

しかしながら、そこでもやはり『人間失格』の主人公と同じように、ただ同級生たちの前で笑いを取ることができるというだけであって、彼らと仲良くなれるわけではありません。面白がって笑ってくれる同級生が寄ってきても、その人たちとどうやって仲良く付き合っていけばいいのかがわからない。だから、ひたすらおどけて、ごまかし続けてバリアを張り続けているような、そんな状態です。

「とても面白いのでファンになりました」というようなことを女の子から言われて、友達付き合いを始めたこともありますが、うまくいきません。結局、お笑いキャラをひたすら演じていなければ、という強迫観念にかられるせいで、素の会話をしようとすると何を言ってよいかわからず、シドロモドロになってしまい、うまく話せない。

クラスでひとり、三十人を相手にお笑いキャラを演じているときは、「演技」ですから、いつものように、自分が考えたパターンどおりに「観客」相手に演技をすればいい。しかしながら一対一や三人くらいの少人数で遊ぶとなると、どうすればいいのかがわからなくなってしまうのでした。

相手からすれば、楽しい人だと思っていざ近づいてみたらネガティブな部分がドンドン出てきて、落差がありすぎると感じるのでしょう。いまひとつ友人関係として定着しない。そのようなことがずっと続いていたような気がします。

## お笑いキャラの下の孤独

友達がいない、という感覚が本当はとても淋しくて淋しくて苦しかったのです。当時、自分のことを友達扱いしてくれる人もいたとは思うのですが、当時の私からすると、友達だという確かな実感を得ることはできません。ただ道化のように自分が笑わせているから近くに寄ってくるだけで、本当は自分なんて友達としての価値を認めてもらっていないのかもしれないという不安があったのです。

そうした疑心暗鬼にからめとられて、同級生たちに溶けこむことがどうしてもできませんでした。いつも心に鎧をかぶったまま、表面上は受け入れてもらえるお笑いというキャラにすがりついているだけ、という具合だったのでした。

同級生にも解けこめないし、大人たちにも解けこめない。「本当の自分をわかってくれる人は誰もいない。なんて孤独なんだろう」と感じ、それを誰にも打ち明けることもできないままひとり苦しんでいたのでした。

「ああ、こんなに僕はダメですみません。生まれてきてすみません。僕は死にます」次第にそんなことを口にし始めるのですが、それとて、結局は道化としてしか言うことができず、「僕は死ぬよ」というセリフがネタとしてウケたりしてしまうものですから、苦しくて仕方がないのです。

本気で死のうと思っているわけではないにしても、生きていくのがイヤだという漠然とした思いが芽生えていたのは確かでした。

そして、心の中で密かに苦しみながら演じ続けたお笑いキャラは、さらにつらい体験を私にもたらしました。

ウケていたとはいえ、所詮《しょせん》はつくられた道化ですから、似たようなことばかり繰り返しているうちに、だんだんと陳腐化してまいります。いつもフラフラとおかしな挙動をしている人間でしたので、最初は見た目だけでも面白かったようですが、ウケるために他人の目を意識し始めると、自然だった動作がわざとらしくなり、むしろシラケさせてしまうようになりました。

クラスには文字どおり、将来の夢としてお笑い芸人を目指している子がいて、そのうち彼のほうが人気を博するようになり、クラスメイトたちの興味は彼のほうを向いていきました。自分はいまいちウケず、新しいお笑いスターの登場です。私は嫉妬《しっと》と劣等感を感じたものでした。

しかも、当時の私が演じていたお笑いキャラは、私にとって同級生たちとコミュニケーションできるたったひとつの方法です。それを失いかけた私は、自分になんの価値もなくなったかのような気持ちになりました。

「認められたいのに認められない」から始まって、「認められなくたっていいもんね」とポーズを取り、それでも認められたい屈折した気持ちからつくり上げたキャラが、うまく認められなくなったのですから、クラスに溶けこむ方法がわからなくなりました。

お笑いキャラを否定されて私がその後どうしたかと申せば、それでもやはり似たようなことを繰り返さざるを得ないのでした。

その同じ方向性の中で、「突拍子もないことを言う変なヤツ」というキャラを足して、言動が大仰になっていったものでした。「死にたい」みたいなことを言ってウケるのであれば、とにかくなにか変なことを言いだせばみんなは注目してくれるのではないだろうか、と思いこんでしまったのかもしれません。突然「三十歳までに自殺する」と言いだして、周りの人間をドキドキさせたりとか、至ってネガティブな発言で注目を集めようとし始めます。

「高校をやめてホームレスになる」なんてことを、みんなの前で宣言したこともありました。ひどく心が乱れて悲しくなり、「ホームレスになろう」「家出しよう」と思っていたのは事実でした。ただし、本当に学校をやめてホームレスになる勇気などなかったと思われるのですが、それくらいのことを言えば、誰かしらリアクションしてくれるという思いも、隠れていた気がします。止めてくれる人がいて、それでも「いや、絶対にやめます」と言い続け、いや、やっぱりどこかのタイミングで「しょうがない。学校は続けるよ」と言おうか、いや、やっぱりホームレスになろうか、などと迷いながら反応をうかがっていたのですが、クラスメイトはしんみりと声をかけてくれたり、餞別《せんべつ》をくれたりもしました。

そうやって「高校をやめる」騒動を起こしている間だけは、私がみんなの視線を独り占めできてしまいます。もちろん、そのときは悶々《もんもん》とした気持ちゆえに一応は本気で学校をやめたいとは思っていましたし、安部公房の『箱男』を読んで、その主人公のように家も名前も捨てて生きたい、と思っていたのも一応、事実。「注目を集めたい」などという意識はなく、まったく自覚していなかったのですけれども、後から振り返ってみますと、結局はそういう要素も強かったのだと思われます。

「ウケなくなったけれど、再びクラスメイトの注目を浴びたい」

そのために、手を替え品を替え、おかしな自己アピールを繰り返していたのですから、私の中の「慢」と、怒りのエネルギーは、ますます増幅していたようでした。そしてそのような屈折した形でなにがしかのキャラを演じるということにしか、逃げ場を見いだすことができなくなってしまったのでしょう。

## 鎧に覆われた本当の自分

余談ながら、私は高校三年生の頃から、人前で落ち着いて話すことが前にも増してできくなっていました。面白いことをやって笑いを取るのが得意だったにもかかわらず、おかしなことに、まともな話はなにひとつできないのです。

経験のある方もいらっしゃると思いますけれども、何人か人が集まったところで話を振られると、途端に緊張してしまい、頭が真っ白になってまともに話ができなくなってしまう。アワワワワとなって、ようやく言葉が出ても話は支離滅裂、自分でさえなにを言っているのかわからなくなってしまう。

人前で緊張するのは、「人に見られている自分」というものを過剰に意識してしまうから。つまりは自意識過剰によるものです。

その頃の私は、慢をどんどん増幅させたがために、あまりにも自意識過剰な人間になり果てていました。

「注目されたい」「この自分を認めてほしい」といった「慢」があまりに強く、人の目を常に気にして「演技」を続けていましたら、さらに「ジブン、ジブン」という自意識が過剰になるのは当然のこと。

自分がつくったキャラを演じているときは、演技ですから、平気で人前に出てウケを取ることができる。なのにキャラ抜きになると、素の自分を意識して話をしなければならないために、同じことができない。素の自分を出すことができないのでした。

認められるのはキャラだからであって、本当の自分は認められていない、というネガティブな感情をずっと持ち続けていたからでしょう。かたくなにかぶり続けていた鎧を脱がされ、裸の自分を見せろと言われているようなもので、「その裸を良く見られなかったらどうしよう」という苦痛の鞭《むち》を打たれ、「苦しい、苦しい」と心の中で叫んでいるような感覚。

長年にわたって蓄積された私の「慢」は、知らず知らずのうちに、そのような形でも害悪を生んでいたのでした。

# 第三章 見・無知

## ――狂気へ傾倒した大学時代

## 宗派仏教への幻滅

キャラという身にまとった鎧と、苦しみに喘《あえ》ぐ内面の自分との違和感。誰にも理解されないという劣等感に見せかけた優越感の孤独。いろんな形で圧迫され続けだった高校時代に、私が期待を抱いたのが仏教でした。

具体的になにかを求めていたわけではなかったものの、ものすごいものがそこにあるのではないか、私の苦しみなど吹き飛んでしまうくらいの素晴らしいなにかがあるのではないか、そう感じていたのは確かでした。

実家がお寺でしたし、反抗していたとはいえ、檀家《だんか》さんたちに慕われている父の姿はとてもカッコよく、尊敬できるものでしたので、私も自然にお坊さんになりたいと思っていました。そのために高校二年生のときに得度《とくど》するべく京都に出かけたのですが、そこでは、私が期待していた「素晴らしいなにか」は得られませんでした。実家の寺院が所属している宗派の僧侶となるためのプログラムは、お経の読み方ですとか、正坐《せいざ》の練習などを行い、あとは「教義」の講義を受けるだけのものでしかありませんでした。それをたったの十日間受けただけで、形として「お坊さん」になってしまうのですから奇妙なものです。その前と後とで、人としてはなにひとつ変わってはいませんでしたのに。

私は仏教のことをよくわかっていなかったなりにも、仏教はなにかしらの形で修行をしたり、精神を鍛えたりするものだというくらいのことは思っておりました。少なくとも、自分の心の仕組みを解き明かしてくれるような、なにかがあるのでは、と期待していました。が、実際には修行もなく、自らの心の細やかな分析もなく、「信仰しなさい」という教義があるだけでした。

学んだことは、「何々仏が救ってくれるのを信じる信仰心を持ちましょう」といったもので、それを信者にも伝えなさい、という教えでしかないので、幻滅してしまいました。そういったなにかしらの超越的な力を信じてすがることで、心が楽になったり、救われたような気分になったりする人がいるのは確かでしょう。その意味では、こういった伝統的な宗教にも役割があるのは事実です。しかしながら、科学の時代に生きる高校生にとっては、神や仏というようなものは、人のつくりだした脳内フィクションであるように感じられ、受け入れることが叶いませんでした。

苦しい日々から抜けだしたいという漠とした思いを抱きながら、特効薬のようなものを宗派仏教に求め、そして失望したのでした。

当時の私はひどくイライラしておりました。なににイライラしているのかもよくわかりませんでしたけれども、「早く死にたい」と強く思い、他方で「こんなイヤな世界が消えてなくなればいいのに」という攻撃性を抱えこんでいました。高校を卒業し、大学に入学して以後、反体制的な学生たちが住んでいた、廃墟のような東大駒場寮に入寮したのがきっかけで、今度は学生運動に興味を持ち始めました。

その学生寮は、国と大学から廃寮通知を受けながらも、国と大学を相手に学生たちが裁判闘争を続けながら、立てこもっていたものでした。電気もガスも止められて、電気ドラムによる自家発電で、各部屋二アンペア以内しか電気が使えないという、環境が刺激的でした。蛍光灯と、音楽プレーヤーくらいしか使えない制約の中で暮らしたおかげで、「なんにもなくてもけっこう生きてゆける」という感覚を覚えました。

そんな、現代っ子からは敬遠されそうな環境なうえに、大学側から「違法、入るな」と言われている寮です。そこに好きこのんで入寮する学生たちは、みんな一風変わった人々ばかりで、私は大学の授業よりも、寮生たちから多大な影響を受けました。学生運動への興味も、そこから生まれたのです。

中途半端に片足を突っこんだ程度の真似事《まねごと》でしかありませんでしたけれども、私は、なんとかして今の世の中をひっくり返したいという思いを抱いていました。もっとも、自分のイライラした気持ちを吐きだすために、「社会が悪い」みたいな大義名分を利用していただけなのかもしれません。

それで本格的に革命理論を学びたいと思い、間もなくマルクスに興味を持ったものでした。ドイツ語を勉強し、『資本論』を読むのですが、しかしこれも結局は失望に終わります。『資本論』を読んでも、どうやったら世の中を転覆させることができるのか、そんな展望はまるで見えず、これじゃあどうしようもないなと思い、また途方に暮れました。

そのように大学生になってからは、高校時代までの「太宰モード」に閉じこもって苦悩と悪戦苦闘するところから、苦悩をぶち壊したい、抜けだしたい、という方向にシフトし、哲学、政治、美学など、さまざまなものに傾倒していくようになりました。そしてそれらの影響を受けるにつれて、倫理に反するようなものや異端な存在に憧れを抱き、ますます「他人とは違う特別な自分」を追い求めるようになっていったのでした。

## 「自分は違う」という呪文

哲学者のニーチェにも深く影響を受けました。

ニーチェといえば有名なのは超人思想です。超人というのは、要するに人間を超えた存在ということ。人間とは超えなければならない愚かな存在であるとニーチェは言いたいのですが、そのために人間がいかに愚鈍であるかを言い立てるため、ニーチェは徹底的に愚か者の人間を罵倒《ばとう》します。

これは自意識が過剰で「自分は他人と違う存在」と思っていた私のような人間には、とても都合がいいものでした。

一般的に哲学を学ぶ人のイメージとして、いささか気取っているようなところが感じられるかと思われますが、それはあながち間違いではなく、心のどこかでカッコつけているように思われます。自分は高邁《こうまい》なことを学んでいるに違いない、愚かな一般大衆とは違うんだぞ、といった意識を少なくとも私は持っていました。

語学や哲学の勉強は結構しているほうでしたし、だんだんと哲学や現代思想の用語が口の端《は》に上るようになってきて、話すことが偉そうに、批判的な物言いが得意になっていました。

当時の私は、傍から見れば本当に感じの悪い人間だったでしょう。誰かが話をしていても、「キミの言うことはココがおかしい」などと揚げ足取りをし、誰かの行動を取り上げて、「それはキミの心がこのように歪んでいるからだよ」などと頼まれもしない分析をしてイヤな思いをさせる。

相手を批判することによって自分の価値が上がると錯覚しているにすぎないのであり、過去の自分とは違う形での、これまた不健全な自意識のあり方です。

激しい怒りのエネルギーを蓄積させていた私は、誰が見ても明らかに感じの悪い人だと思えるほど他人を批判することに熱心でした。しかしながらそれは程度の違いこそあれ、誰もが知らず知らずのうちに行っていることのようにも思われます。

とどのつまりは、自分が特別であるということを無意識のうちに演出しているのです。「相手は誤っているが、自分は違う。自分は正しい」という呪文。違うから自分の価値が上がるという錯覚です。

大学生になった私は、自分は他人とは違うという特別感を強く求めていたために、その呪文にがんじがらめとなりました。そしてこの「自分は違う」という呪文は、簡単に解けることなく、次々とネガティブなエネルギーを生みだします。

特別な自分というものを実感するために、いつも他人との違いをつくりだすことに腐心をしていくわけですけれども、それは頑張っても頑張っても飽和していきます。常に違いをキープし、あるいは新しく生みださなければならない。

とは申しましても、ポジティブな方向で違いをつくりだしていく作業を続けるには、相当の才能と努力が必要となります。どうすればラクかと申せば、反対にネガティブな方向ですごさをアピールすればいい。

「自分はこれだけダメな人間だ」「自分のほうが飲んでいる薬の数が多いぞ」「オレ様はもっとひどい病気にかかっている」といった、マイナス志向での「違い」です。意味を持つのは「違い」、すなわち落差《ギャップ》だけですから、方向がプラスでもマイナスでも、どちらでもかまわないのです。

憧れや目標はあるものの、それが自分には実現できないものだとすると、自己評価が下がる。自己評価を下げないためには「そんな目標はそもそも価値のないものである」と評価そのものをつくり替えてしまったほうが手っ取り早い。しかもネガティブであることが高い価値を持つと評価基準をすげかえてしまえば、劣っていたはずの自分の価値が、その違いのぶんだけ吊《つ》り上がるということになります。

哲学や現代思想にかぶれて、ヘタにインテリぶって偉そうにしているタイプの人間が、同時に堕落や退廃、悪徳、倫理的にいかがなものかと思われるようなものを好むようになりがちなのも、そのような心の働きが作用しているのではないでしょうか。

実際に大学時代の私は、その後、乱れた生活にどっぷりと浸かり、害悪ばかりを垂れ流していくことになるのでした。

煩悩がもたらす害悪は、私の身体に直接表れるようになりました。

この頃から頭痛や慢性の胃炎、肩こりなど、いろいろな症状に悩まされるようになり、身体中ガタガタの状態になっていました。具体的な病名がつくレベルのものではなかったとはいえ、いつもどこかが痛くて、つらくて、健康とは無縁の生活だったのです。神経性胃炎に悩まされて病院に通っていた時期もありました。

心からくる害悪が身体に影響するのは、仏道でも説明されていることですが、わざわざ仏道を持ちだすまでもなく、誰もが実感としておわかりになることでしょう。イライラしてくると胃酸が分泌して胃が痛くなる。緊張すると硬直して肩がこる。ショックで目眩《めまい》がする。興奮して胸がドキドキする。

心の変化が身体の変化につながる例はいくらでもあります。心の混乱によって呼吸が浅くなり、酸素が十分に行き渡らなくなって手足の先が冷えていくようなことも生じ、そのような症状が原因で病気に進展することもあります。

哲学を学び、自分の抱えていた苦悩や疑問など、答えの出ないような思考を延々とめぐらせて頭を悩ませていたのが直接の原因であろうと思われますが、当時はそこに因果関係があるとは考えていませんでした。誰かに指摘されて「そうかもね」と思うことはあっても、すぐにその考え方はどこかへいってしまうのです。

このようなことは、誰もが思いあたるところがあるのではないでしょうか。指摘されたとおりだと思っていても、心の底から同調したくない気持ちがどこかにあって、

「そうかもね」と言いながら、その情報を腹に落としこもうとしない。

喫煙者がいつも「タバコは身体に悪いよ」と聞かされ、そのことを十分すぎるくらい知っていながら「そうかもね」だけでスルーしてしまう。タバコを吸いたい気持ちがあるものですから、それを正当化しようとし、タバコを吸うのは身体に悪くない、自分がやっているのは間違いじゃないと考えようとしてしまう。

脳には認知的不協和を生みたくないという衝動が強くあるようです。自分がしていることが「良いことである」という情報が支配的だからこそ、その行為を続けているわけで、「悪いことである」という情報が入ってくると、矛盾が生じてしまう。矛盾によるストレスを嫌い、新しく入ってきた情報を無意識に消去してしまうのです。

## 「見」の煩悩／「無知」の作用

同じことを仏道の観点から申しますと、「見《けん》」の煩悩ということになります。

「見」は自らの意見、自説に執着し、「自分は間違っていない」とかたくなに主張してしまう煩悩です。自説は間違っていたと訂正したときでさえも、「以前の考え」は間違いだとは思えるものの、反省した今現在の自分は正しい、という考えから離れられないようにできています。自分が思っていることが正しくないと、現在の自分が崩れ、ダメージを受けてしまうので、必ず正しいと思うようにプログラムされている。

正しいと思う気持ちが強いほど、やたらと声を大にして主張してしまうものですけれども、正しいと思って口にする意見の大半は、そのようなトリックから生まれたどうでもいい正しさでしかありません。

自分の正しさを相手に押しつけるのですから、人間関係においては、むしろ弊害のほうが多いでしょう。私がやっていたような、とことん批判的な「正しさ」の押しつけに至っては、公害をまき散らしているようなものです。主張するためにエネルギーを使わなければなりませんし、相手のロジックを崩すために、あれやこれや戦略を立てたりするものですから、心も疲弊し、ギスギスした気持ちになるだけです。

このシステムは実に巧妙ですから、自分が正しいと思っていることとは相容《あいい》れない情報は、どうしてもスンナリと受け入れることができない。「そんなに難しいことばかりを考えているから身体が悪くなるんだよ」と思いかけても「そうかもね」で済ませてすぐに忘れてしまい、「これでいい、だって自分は正しいことをやってるんだから」となる。

また、人間の「忘れる」という能力は相当なものです。

今日一日、頭の中で考えたことを全部思いだせますかと聞けば、満足に思いだせるのはほんの数える程度でしょう。とても大喜びしたこと、とても腹が立ったことだったら思いだせるかもしれません。しかしながら、それ以外のちょっとしたことはまるで思いだせないのではないでしょうか。「あんなこと言ってよかったかな」とか、そのようなことをチラッと思ってダメージを受けるのは瞬間で、スッと消えたらもう、数時間後にはまったく忘れてしまっている、といった調子です。

人間の心というものは、自分の煩悩に対して都合の悪いことはすべて削除してしまいます。本当は必要な情報でも、今現在の自分が正しいと思っていることと相容れなければ、あっさりと忘れ去ってしまう。これは煩悩のひとつである「無知」の作用によるものです。自分の状態を忘却させる作用です。

「無知」とはこのように頭の中でいろいろと考えているばかりで、本当に生じている身体の反応や心の中に隠れている意識などが見えずに錯覚してしまうこと。『自説経』に「生き物は心に騙されている」という一節があります。その「騙されている」状態こそが「無知」。情報が入ってきても、心が「それは都合が悪い」と勝手に判断して簡単に排除してしまう。自分が間違った状態を変えるチャンスを与えているにもかかわらず、みすみす排除し、チャンスを逃してしまうのです。

仏道では「知識」と「智慧《ちえ》」を使い分けていますが、深層心理のレベルで心に刻みこまれ、本当に使いこなすことができるものが「智慧」であり、腹に落としこまれないままの情報が「知識」と大雑把に分類できるかもしれません。「タバコは身体に悪いからやめよう」が「智慧」で、「わかっちゃいるけどやめられない」というような必ずしも役に立たない情報が「知識」。

ギャンブルをやめようと思ってもやめられない、借金をやめようと思ってもやめられない。思っていることとやっていることが一致しないことはすべて「智慧」が働かない「無知」の状態です。

大学生当時の私にしても、表面的な「知識」ではわかっていたはずなのですが、グチャグチャと悩んでは胃を悪くする、ストレスがたまって肩がこる、といったことの繰り返しでありました。

## 無意識下の「智慧」の働き

子供の頃、不思議で仕方がなかったことがあります。小学校二年生くらいのときでしょうか、『イー・アル・カンフー』という名前のファミコンゲームソフトに夢中になって遊んでいたときのことです。

ゲームの二面目に、炎を吐く太っちょのオジサンが敵として登場してくるのですが、オジサンに勝てる必勝法がありました。しゃがんだままひたすらコントローラーのボタンを連打すると、こちらのパンチで炎を打ち消すことができ、相手が近づいてきたらそのパンチで確実に倒してしまうという簡単な裏ワザです。

ところが、しっかり画面を見ながら連打さえしていれば勝てるのに、下を向いて画面を見ずに連打し、ふと画面に目を戻すと、自分側のキャラクターが死んでいるのです。ちゃんと同じように連打しているのにおかしいな、押し忘れたりしたのかな、と思い何度か繰り返してみたのですが、やはり死んでしまう。

連打に隙間ができないように注意深く、何度も何度も実験を繰り返したのですが、やはり死んでしまいました。

なぜそのような不可思議が起きるかと分析すれば、やはり画面を見ているときとそうでないときでは、押し方に違いが生じていたと考えるべきでしょう。

それはつまり、意識レベルでは同じように連打しているつもりでも、無意識下でより複雑な情報を処理し、「今、この瞬間に押したほうがガードできる」とか「このタイミングは少し早すぎる」とか、自分でも気づかないうちに微妙な情報をフィードバックさせて、連打するタイミングをアレンジしていたのだと思われます。ゲームをクリアするために、無意識下でなんらかの作為が働いているのです。

これは仏道でいう「智慧」の働きに似ています。「無知」とは、正しくない情報処理によって使いこなすべき「智慧」がわからなくなっている状態ですが、「智慧」を徹底的に認識することで、最適な状態に立ち戻り、効率よく使用できるよう動きだすのです。

「見」も「無知」も、智慧の働きを阻害する煩悩。これらから自由になり、無意識下の「智慧」を意識のレベルに引き上げることが、坐禅におけるひとつの効能でもあるのです。

## 「見」と「無知」による認識力の低下

「見」の煩悩と「無知」の作用は、複雑に結びついています。「見」の煩悩が生じること自体、「無知」が背景にあるためです。先述のとおり、「無知」の状態にありますと、感覚のセンサーや認識する能力がますます鈍化していきます。ただボンヤリとしか受け止めることができなくなる。ある感情によって身体に変化が生じた場合であっても、その因果関係をハッキリと認識することができません。

認識力が低下するから「見」の煩悩が強く働き始める、という見方もできるでしょう。情報を正しく判断できなくなればなるほど、自分に都合の悪い情報を簡単に忘れることができるわけですし、「自分は正しい」の主張にブレーキをかけることもできなくなってしまう。反対に認識力が強く働き、「そんなことを言い張って苦しみが生じている」と情報がはっきり認知されますと、あとは自動的に智慧の働きによりその意見がすーっと消えていくということも起こるようになります。

私が悩まされていた胃痛などの体調不良もまったく同じことで、「見」によって認識力が低下していなければ、考えすぎてのストレスが原因であると判断し、きちんと結びつけて考えられたはず。

痛みが激しく耐え難くなれば、原因を見つけようとするものです。しかしながら自分に都合の悪いものと結びつけたくないという心の作用が働きますと、都合のいいほかの原因を見つけて飛びつこうとすることもあります。それによってますます本当の原因との因果関係を見えなくしてしまうのです。

たとえば、慢性的な胃炎を患っていて、たまたま傷んだバナナを食べてお腹が痛みだしたならば、「あのバナナを食べたせいだ」と認識することで本人の気分は楽になる。これまでの自分の歪んだ生活のせいだとか、精神状態が悪かったとか、そういうことを認識しなくて済みますから。痛みはすべて「バナナのせい」で片付けてしまうことができる。

これもやはり「無知」からくる行為であり、現実を認識しないがために無意識的な錯誤行為をしている。現実を見ないように都合よく採用される情報ですから、心はその幻をいかにも重要だったり、魅力的なものであったりするかのように感じてしまう次第です。

## 初めての恋で学んだ欲望の増幅方法

身体の変調以上に私を襲ってきた害悪は、お付き合いしていた女性に対しての不善行為として表れ始めます。あるときを境に、私の女性関係はずいぶんメチャクチャな状態になっていました。

脳内ひきこもり状態で、悩みを封印・抑圧させて悪戦苦闘していた高校時代からは考えられないようなことですけれども、自分の苦境を、女性との交際によって抜けだせると錯覚し始めていたようにも思われます。

高校時代の青くていじましい、ほんのりとした恋心を別にすれば、本格的な恋愛をしたのはようやく大学に入ってからでした。最初は幸せな気分だったのですが、ほどなく彼女が既婚者であることがわかり、当然のことながら彼女のパートナーをひどく傷つけてしまいました。彼女が既婚者であるとわかった時点でやめておけばいいものを、周囲から反対されればされるほど「手の届かないものほど欲しくなる」とばかりに、ふたりで暴走したのです。

問題がこじれて相手のパートナーを激昂させてしまい、暴力沙汰にまでなりそうだった頃、私が感じていた快楽は次のようなものでした。

「こんな危機的状況で彼女は僕だけを頼ってくれている。世界でいちばん好きでいてくれる。自分は、とてもとても愛されている」

そう、親や同性の友達に対して求め、結局は諦めたフリをして抑圧していた、古く懐かしいあの欲望が再燃していたのです。「愛されたい。求められたい」と。

彼女のパートナーから逃げて、ふたりで一緒にあちらこちらを行ったり来たりして逃避行を重ねながら、その危ない感じの中にドラマティックなものを錯覚していたものと思われます。

この問題自体は、双方の家族を巻き込んで皆をひどく傷つけた末に、ようやく別れることとなりました。しかしながら、このことから私が学んだのは、教訓ではなく、欲望の増幅方法でした。

「そうか、激しい恋をして互いの感情を燃やすと、相手から熱烈に求められ愛してもらうことができるんだ。ほかの人たちはともかく、その相手だけは自分のことを世界でいちばん大切にしてくれる。これで淋しさがまぎれる」と。

その当時から自覚的にそんな露骨な思いを持っていたわけではなく、意識レベルではむしろ「お互いを世界でいちばんに感じられるなんて素敵なことだよね」と、ロマンティックな思考をしていました。しかしその裏側では密かに、情熱的に自分が愛されることへの渇愛が、激しく活性化し始めていたのです。

こうして彼女と別れた後、私はなんだか開き直ったかのように、複数の女性と付き合うようになりました。それまでは恥ずかしがり屋で、とても自分からは女性に声もかけられないような性格でしたのに。

学生運動もマルクスもなにも私を救ってくれない。慢性的な体調不良もあり、「もう、どうでもいいや」といったありさまだったのかもしれません。

それまでは、「自分は虚無的な人間である。それに相応《ふさわ》しい服装は上下とも真っ黒なものを着て、下手に飾らないということであろう」と、格好をつけないフリをするという格好のつけ方をしていました。

ところが、交際していた女性のひとりに洋服を選んでもらったのをきっかけに、それも一変しました。「本当はこういうのを着ているととてもステキ」などと褒められたのが、弱い私を喜ばせ、「この人からもっと褒められたい」という単純すぎる理由から、いつの間にかファッションが趣味となっていったのです。

なけなしのお金をつぎこみ、高価な洋服をコレクションするかのごとく買いこんだりしました。髪も伸ばし始めました。洋服など外見を飾るのもまた、淋しき「慢」ではあるのですが、とにかく、それ以来、付き合う人間の種類も変わり、話しかけてくる人も増えたりして、ガラリと生き方が変わったような感じ。

当時の私は、『家族・私有財産・国家の起源』というエンゲルスの著書をひもといて、結婚とは資本主義と結びついてお互いを所有するような制度であって、それはよろしくない、男女の関係は本来、そのような一対一の関係ではなく、もっと自由であるべきだというような考え方を仕入れて、自分を正当化していました。

それを悪いこととは思わず、「むしろそうしたほうがいいんだ」と口にしておりましたし、お付き合いしていた方々にも「本当の愛情があるなら、相手のことを縛るなんていうことはあってはならないことだよね」などと、もっともらしい出まかせを伝えて、好き勝手に遊んでいたのです。

とはいえ、それでいいわけなどなく、当然ながら相手には大きなストレスを与えていました。私自身も、そのような状態からくるストレスを感じないフリをしながら、やはりストレスから逃れることができません。お付き合いしている人に不満を与えていることは自覚しておりますし、不満をぶつけられて生じるストレスもありました。また、そんなことを自分はしている、という罪悪感を屁理屈《へりくつ》でごまかさなければいけない自分もいたのです。

## 支配することで錯覚した愛

こうして複数の女性と交際すること自体、はっきり申し上げて疲れることだったのですけれども、それがやめられない理由も、結局は「慢」でした。

「僕って、この子からもあの子からもその子からも愛情をもらえている。素敵で存在価値のある人間なんだ」と。

先述のように、異性から好かれることによって淋しさや空しさをかき消すことを覚えた私でしたが、しかしながら、もはや昔ほど単純ではありませんでした。

「欲しい―足りない―欲しい―足りない」と、むきだしにして友達に近づいた結果として傷ついてきた私は、すっかりそういう衝動を奥に隠しこんでいました。そのかわりに、相手の淋しさや自己愛につけこんで、優しくしてあげたり愛情深そうに接したりすることを覚えていたのです。自分が淋しさにもがき苦しんできたぶん、他人の淋しさが私にはよく見えるようであり、その淋しさの傷口に「優しさ」をすりこむというずるいことを無意識のうちにやっていました。

そして相手が振り向いてくれた時点で、私は密かに「愛されている」という快感により、苦しさをごまかすことができたのです。しかしながら、私の何重にも屈折した淋しさは、平穏な関係の中ではかき消せませんでした。付き合い始めの頃はその新鮮さゆえに淋しさを麻痺させることが叶うのですけれども、相手の性格や身体に慣れてくるに従って、再びすぐに「足りない足りない」という衝動がよみがえり、大きな落差《ギャップ》を生みだしたくなるのでした。

そして「別れよう」といった話になったとき、相手が泣いたり謝ったりして「別れたくない。私に悪いところがあるなら直すから」という反応が返ってきて、それを見て、さらに私は歪んだ学習をしたのです。

「そうか、自分のことを好きになってもらえれば、相手を屈服させてこんなに強い影響力を及ぼすことができるらしい」と。

それも冷たい態度を取ったり攻撃したりして相手を不安にさせればさせるほど、相手はこちらの機嫌を取ろうとして大事にしてくれる。そう、まるで、幼少時にまさに私自身が好きな友達の機嫌を必死でうかがいながら、なんとかして気に入ってもらおうとサービスしてもがき続けていたように。

すると、あたかも、かつて親や友達から欲しいものをもらえなかったことへの八つ当たりでもするかのごとく、私は交際相手に冷たい言葉をかけたり、「好き？」と聞かれても「そういう言葉で縛ろうとするのはよくない」などと答えて、相手を不安に陥れていたものでした。恋は相手を不安にさせれば支配でき、支配できれば愛されていると錯覚でき、ようやく淋しさがまぎれるのでした。

それに味をしめてしまった私は、自分でも気づかぬうちに、変な行動を繰り返すようになりました。

たとえば、自分の言い分が通らず不機嫌になると、夜、彼女の部屋で一緒のベッドに寝ていても、真夜中にひとりだけ起きて、フイッと抜けだして自分の部屋へと帰ってしまうのです。朝、目を覚ました相手は不安になって、「どうしたの？　私、なにか悪いことしたかな、ごめん」というような連絡をくれる。するとまた、一瞬だけ淋しさがまぎれるのでした。

しかしながら問題は、これがくせになると、たとえ主観的にはふたりで穏やかに隣で眠りたいと希望しても、それができなくなるということでした。その日の会話がちょっとつまらなかったとか、身体を重ね合わせたときの反応がちょっと気にくわなかったとか、そんな些細なきっかけさえあれば、私の「足りない、苦しい」にスイッチが入ってしまう。

心の奥底で、「僕だけを見ていてほしい」という渇愛の炎が燃えている。ゆえに恋人が作ってくれるご飯が前より少しでも手抜きに感じられたりするだけで淋しく、不機嫌になる。あるいは、恋人がとっておきの洋服やメイクといった、いわゆる「おめかし」を私とのデート以外のときにしているのを見たり、あるいは、デートのときの「おめかし」が前よりも気合の入ったものでなく見える、という程度のことで、すぐさま不機嫌になってしまうのでした。

しかしながら相手を独占したいという感情を持っているのを気取られるのはプライドが許さなかったため、はっきりとは言わずにただ不機嫌になるだけですから、相手にはなにがなにやらわかりません。

そうして勝手に「淋しい、愛されてない、ここにはいられない、イライラする」という衝動にかられて、ひとりだけモヤモヤして眠れず、「君だけキモチよさそうに眠れてよかったね。チェッ。僕はちっとも眠れないのに……」と理不尽な感情に染まってしまうのでした。

一緒に楽しく過ごし、スヤスヤとふたりで眠りたかったはずなのに、やっぱり夜中に、自分ひとりで抜けだして、電車もない時間帯にものすごい長時間をかけて、わざわざ自分の部屋に帰ったものでした。

「なにをやってんだろう、馬鹿じゃないだろうかしらん」などとつぶやきながら、トボトボと帰るとき、あまりにも愚かな自分に笑いがこみあげてきたりしたものです。

相手を不安にさせたいという無意識的な条件付けが強すぎて、幸せな時間を味わうヒマがほとんどなかったのです。

そのほかにも、私の奇行愚行を思い起こしてみましょう。ふたりで電車に乗っているとき。自分の（今思えば、発狂気味の）理想論や哲学論を熱弁していたとして、それを恋人がつまらなそうな顔をして話半分に聞いている。それに気づいたとたんに、私の心は寒々とし、淋しくて淋しくていたたまれなくなるのでした。ほとんど反射的に、あたかもひとりでベッドから抜けだして帰るのと同じような反応をしてしまうのを止められませんでした。

目的地に向かう途中であるにもかかわらず、途中の駅に停車してドアが開いたのを見ると急に飛び降りて、「じゃあね。悪いけど、今日はこれで。バイバイ」。

それも、追いかけてこられないようにわざとドアが閉まる直前にパッと飛び降りるのでした。動きだす電車のドア越しに「待って！」「どうしたの⁉」などと不安そうな表情になる恋人を見て、歪んだ支配欲が満たされる。

ああ、かまってもらえてる、と子供時代の欲望を再燃させながら。しかし、そんなことはちっとも楽しくはありませんでした。

場合によっては、相手の女性が次の駅で降りて、涙を浮かべながら私を捜しにやってくることもあります。それに対して、「しょうがないね。一緒にいてあげるよ」と、いったい何様なのかという尊大な態度を取り虚勢を張るのでした。一見すると快感。しかしながら、心は屈折の度を強めながら、苦しくてしょうがないものでした。

にもかかわらず、こうしてフイッと姿を消してしまうのがどんどんくせになり、それに比例して、やがて相手が恋人でなく誰といても、少しでも話がかみ合わなかったりするとソワソワしてきて、その場にいられない、という習性が強まっていきました。

こうして、周りの人たちを振り回しては困惑させることを繰り返すうちに、私は友人たちに対しても「扱いを少しでも誤ると暴走する厄介で付き合いにくい人間」というイメージを定着させてしまうことになったように思われます。

けれども他方で、当時の私は主観的には、恋人を困らせたいとか不安にさせたいとかいう意識はなく、次のように錯覚していたものです。

「どうしてふたりで一緒にいると、こんなにも苦しくなって、ひとりになりたくなるんだろう。それは自分には人付き合いが向いていなくて、本当は孤独が好きだからに違いないよね。やっぱり自分は孤独が好きなクールな存在なのである」と。

しかしながら実態は、クールどころか、困らせること、不安に陥れることで、自分のことをもっとかまってほしいという、絶望的に甘えた赤ん坊に成り下がっていたのでした。

## 荒《すさ》んだサイクルの進行

そして、成り行き上、またしても歪んだ学習がなされました。相手を不安に陥れるのに、もっとも強力な方法のひとつ。それはほかの女性との交際が知れた際、相手の心が嫉妬でぐちゃぐちゃになるということです。

「ねえ、どうして？　私のこと好きじゃなくなったの⁉」などと責められると、かえって私の心の中には、「自分のことをめぐって、こんなに興奮して泣いてくれるなんて、この僕はとても価値のある存在なのである」という快感が生まれるのでした。

先ほど、相手を不安にさせて支配しようとした、と告白いたしました。この場合、嫉妬で相手が泣きだすほどになると、もはや「不安」も度を越してしまい、気に入られようとして優しくしてもらえるどころか、憎しみをぶつけられたり別れを切りだされたりもします。しかしながら、それさえも、こう解釈できてしまうのです。

「この人がこれほど憎悪にかられるのは、私のことをドウデモイイとは思えないからであって、その意味で精神的に私は彼女を支配できているのである」と。

こうして私は、いつの間にか自分でも気づかぬうちに、恋愛を単なる「自己愛《ナルシシズム》＋サディスティックな支配欲」のセットへとすり替えていたのです。

「いろんな人から愛されてるもんね、だから淋しくないもんね」と思いこもうとしながら、相手を傷つけ不安に陥れ、従属させようとする。そのような態度では、どのような関係も長続きはしません。不安ゆえに彼女が私に媚びようとするとは言いましても、あまり不安になりすぎると彼女も負荷が大きく壊れてしまいます。

関係をつくっては壊す、といった荒んだサイクルを続けるのがくせになっていた頃、快感に思えたものの裏側では、心身ともに荒廃していました。

「自分は求められている」と喜び、心に刺激を与えたぶんだけ、その刺激への耐性＝

慣れが強まる。ゆえに次からは同量の刺激ではあまり感じなくなり、淋しさを癒《い》やすことができなくなる定め。ええ、一切皆苦——快感をいくら与えられても、必ずや不満足に戻り、裏切られる定めなのです。

すると、麻薬の服用量を増やさざるを得なくなります。前と同じ快感を味わうためには、「前よりももっと愛されている。前よりもっと相手をいじめることができている。前よりももっと憎まれている。前よりももっと他人に影響力を振るって支配できている」と思いこまなくてはいけなくなる。

その瞬間は、クラクラするような快感が得られます。それは確かです。しかしながら、このドラッグの効き目はあいにく、とても短い。効き目が切れると、すぐにまたあの古い病気が始まるのでした。

足リナイ、足リナイ、淋シイヨウ、ダレカ助ケテヨウ、喉ガ渇イタノデス、誰カ僕ヲ助ケテオクレ。ナニカガ欠ケテル。アア、前ヨリモット淋シクナッテル、前ヨリモット心ノ虚無感ガ広ガッテイル。

ガクガクと禁断症状が始まると、すぐに誰かをいじめないと、服従させないと、悲しませないと、嫉妬させないと気が済まない。コノの僕の影響力……、そんなものへの執着。

淋しさの禁断症状に苦しみ、「落ち」ているときがつらければつらいほど、次に麻薬的行為に出たときとの落差が大きくなり、そのときは大きな快感が得られる。

こんなありさまでしたから、当時の私には愛情なんて、いったいなんのことかよくわかりませんでした。そんな中、好んで聴いていた楽曲の歌詞には「愛しているとかいないとか……どうでもいいぜそんな事柄」（『SEA SIDE JET CITY』BLANKEY JET CITY）とか「愛はいらない　湿度だけで　俺はいいよ」（『愛はいらない』SHERBETS）などというひねくれたものが多々ありました。ホントは、愛が欲しいくせに。

こんなことを繰り返しておりました頃、精神的に自滅に追いこまれるようなことが起きました。

ある日、別れ話がこじれて喧嘩になったときのことです。

恋人がナイフを持ち出して「もう私が死んじゃってもいいんでしょ」と言うのです。

私は内心「やれやれ、いよいよ刺激的な物語進行になってきたな。これからどうなるんだろう」と困りながらも、「自分のせいで相手が死ぬと言っているなんて」と、慢の快感を感じていたのです。そして、冷静ぶって突き放した言葉を返しました。

「僕だって、いつも死にたいと思ってるよ。で、キミが死にたいと思うのなら僕にはそれを邪魔する権利はないと思うよ」と。

「つまり、私に死ねって言いたいの」と返され、「いや、死ねとは決して思わないけど、キミには死ぬ自由があるから」などと、屁理屈をこねながら、実際には死ぬ勇気なんかないだろうと、高を括《くく》っていました。

ところが、彼女はナイフで手首を切り、私の部屋のカーペットに鮮血が飛び散りました。病院に運ばれた彼女は、幸いにして命に別状はなかったものの、心に大きな傷を残しました。

「あなたから死ねと言われたのがつらかった」と私をなじり、「死ねなんて言ってない」「言った」と押し問答を繰り返したあげく、彼女からは毎日のように私を責めるメールが届くようになりました。さらに彼女は、直接、自宅までやってきてはドアの前でずっと私が出てくるのを待つようにもなり、すっかり臆した私は、部屋にこもりがちになりました。

そんな、精神的に弱りきっていた頃に、新しい出会いがありました。問題は、弱りきっていたがゆえに、例の「淋しさ」が臨界点に達していたことです。そこに現れた女性に対して、私は愛情を注ごう、優しくしようと心がけもしたものの、「この人こそ、自分を助けてくれるに違いない」とばかりに、多くを望みすぎてしまいました。

絶望的な状態にいて、そこに現れて的確なアドバイスなどもくれる彼女が、あまりにも輝いて見えた。あまりにも淋しくて死にそうだった私は彼女と一緒に暮らしたくもあり、結婚の話が出たのですけれども、ずいぶん迷いました。

当時、私は主義主張として結婚制度そのものに対して敵意を持っていましたので、数日間にわたって悩み続けました。しかしながら、哲学的な主義主張といった観念的なことよりも、ヒリつくような淋しさと混乱から逃げだしたい気持ちが強かったのです。彼女のことが大好きでもありましたので、結婚することにいたしました。

## 傷つけ合った結婚生活

「結婚は互いを所有する相互束縛だ」などという価値観を持っていたにもかかわらず、結婚いたしましたので、私はそのことが恥ずかしく、結婚したことを誰にも知られないようにと、大学の友人や知人たちには一切隠していました。結婚を隠して生活すること自体、相当なストレスだった、と思い起こされます。

相手の女性は、「あなたがなにをしても、どんなに悲惨で、もっとめちゃくちゃになっても、とにかく自分はあなたのことが好きだから、なにがあっても愛しているし、一生愛していてあげたい」というようなことを口にしていました。

彼女と出会ったのは、先述のように精神的にボロボロになり落ちこんでいた頃です。彼女にしてみたら、私への純粋な愛情ももちろん持ってくださっていたことでしょう。けれども、それに加えてこのグロッキー状態の人を自分が助けてあげている、自分の愛でこの男性が立ち直りつつあるという、救済者感覚もいくらかは混入していたのだと思われます。

そこには、こんなひどい男とは自分くらいしか付き合えない。自分がいなくなったら誰も相手をしてくれないに違いない、といった心理もあったことでしょう。私は私で、「この人こそ、ずっと待ち望んでいたパートナーだ」と思ったのでした。

この関係の当初、彼女の献身的な愛情に感動を覚えていました。と同時に、私はどん底から一気に引き上げられた落差《ギャップ》によってもまた、心地いいものを感じていたことを否めません。

また、ここで威力が絶大でしたのは、これまで心のどこかにずっと「誰とも本当はうまくつながれない。女の子と付き合っていても心が通じてない気がする。誰も自分をわかってくれない」といった苦しみがあったのを、彼女が理解してくれるように感じたことです。

これまで誰にも理解されないと思っていた、私の中で積み重ねられた孤独感やヒリつきを理解したうえで、なおかつ「そういうあなたが好きだよ」と言ってくれた。これまでずっと、「誰ともつながれない」ということに苦しみ続けてきたところに、生まれて初めて「内面も含めて愛された」と思って、私は感動したのです。

ところが、感動という名の快楽は、今までの苦しみがガラッと崩れた、そのタイミングにしか生じないのがポイント。苦痛が減じたときの感動は、翌日にはすでに「前は感動的だった」という、記憶にすぎなくなります。心はその記憶を今でも感じていると思いこんでいるのですけれど、それは反復して思いだしているにすぎませんから、時間とともに徐々に薄れ、実感が乏しくなってまいります。

すると彼女と一緒に過ごして、初めの数カ月は互いにいたわりあうように過ごすことができ、生まれて初めて幸せな日々を過ごせているという感覚があったはずでしたのに、再びあの古い渇愛、「足リナイ淋シイ」が鎌首《かまくび》をもたげ始めたのです。穏やかな幸福の日々が少しずつマンネリ化してきた頃に、もう一度、感動や興奮を反復することでなんとかそのウズキをごまかそうとするかのように、私は「彼女が本当になにもかも受け入れて、彼女にとってイヤなことですら私のためになら受け入れてくれるかどうか」を試そうとし始めました。

そのようにして、私のわがままや支配欲が再び増長していきます。親密になるに従い、だんだん彼女に対して優しくなれなくなってもき、最初の頃はさすがに出さなかったわがままを彼女にぶつけるようになっていきました。「これぐらいだったら、受け入れられるか？　これは？　これは？」といった調子で、少しずつ、相手を試すかのように、どんどんわがままになっていったのでした。

彼女の好きな音楽に対して、「僕はキライだから聴きたくない」と言い放ち、「あなたがキライなら私も聴かない」と言わせて安心（と錯覚する）。

彼女の服について、「その服は似合わないよ」と言い放ち、「あなたがキライならこの服は捨てるわ」と言わせて悦に入る。相手を支配できている、独占できているという幻想に浸ったのです。

思うに、こうして相手を支配して自分の色に染めあげようとする独占欲は、程度の差はあれ、密かに多くの男性が有しているのではないでしょうか。この国の古典『源氏物語』の主人公、光源氏が幼い紫の上を自分の色に染めあげて溺愛《できあい》しようとする姿も、よくよく考えますと、似たようなものに思われるのです。

またあるとき、「浮気してもいいよね」というようなことを言いだしたりもしました。懲りもせず、あのエンゲルスの論理を引っ張りだして、「浮気しちゃいけないというのは相手を縛り所有する発想であり、本当に相手のことが好きなら相手の自由を奪うようなことはしないはず」と言い、彼女がそれに対して不満を口にすれば、「なにがあっても愛していると言ったじゃないか!?」と、責めたりもしました。

また、彼女が私にプレゼントしてくれるというとき、彼女に「なにが欲しい?」と聞かれ、「そんなことを事前に言われるのは恩を着せられるような気持ちになるから、聞いたらダメだよ」と不機嫌になり、そのくせ自分が気に入らないものを買ってきたりしたら、「こんなものいらない!」と言ってまた怒る。彼女にしてみれば、やはり聞かないと不安になるのは当然で、次にまた「なにが欲しい?」と聞くので、「だから聞くなと言ったでしょ!」と怒る。

初めのうちは、「どうしてそんなに怒ったり、私のことを否定したりばかりするの?」と泣く彼女に対して、「好きだからこそ、自分の思っていることを伝えたいんだ。じゃあ、もうこれからはなにも伝えなくていいんだね」と、今思えば、ある種の脅迫をしていました。これに対して彼女もかわいそうに、「ううん。責められるのは好かれていて、期待されてるからだってわかるから……」といった具合に答えていました。

しかしながら、責めたり虐《しいた》げたりする支配欲がエスカレートしていくに従って、さすがに彼女も、「自分はないがしろにされ虐げられているのでは」という疑念が増していったのでしょう。彼女の苦痛はやがて限界に近づき、泣いたり、私を責め返したり、なじったりすることがだんだん増えていきました。

彼女はすっかり精神的に不安定になって、「私のこと好きじゃないんでしょ?」というようなことを何度となく言うようになり、それに対し私が「そんなことは言うな」と怒る。私にしてみれば、自分の行動を見ていれば、そこから愛情は読み取れるはず。だからそんな質問をするのはおかしい！　という理屈で怒っていたのですけれども、冷静に考えてみれば、どこから愛情を読み取ればいいのか、さっぱりわからない。

今になって思いますのは、そこには相手を支配したい感情というより、相手に「この人にになら支配されてもいい」という絶対的な従属の態度を見せてほしいという気持ちがあったように思います。私がどんな人間であろうと百パーセントで愛してほしい。幼い頃の私が抱いていた願望そのままです。

イライラしながらそのようなことを繰り返し、私の感情の振れ幅が大きくなるにつれて、彼女の感情の振れ幅も大きくなります。私に非難されて泣きだしたりしたときの激しさがだんだん強くなり、あるとき、無意識に彼女に対して手をあげてしまったこともありました。

交際相手に暴力を振るってしまったのは、このときが初めてでした。私の理不尽なわがままに、彼女が当たり前の不服を言い始め、私は相手をうまく支配できないことにカッとなり、殴ってしまった後、激しく気が動転しました。

「こんなはずがない。自分は女性に暴力を振るうようなひどい男なはずがない。おかしい。彼女のせいだ」

奇妙な考えではありますが、これは当時の私に限らず暴力的な人々の多くが用いる論理なのではないでしょうか。

その考えに従って「君があんなイヤなことを言うせいで、つい暴力まで振るうような最低な人間に成り下がってしまったよね。お願いだから、僕にこんなことをさせないでほしいんだ」などというセリフをはいたのを、覚えております。

これに対して彼女は「ごめんね。殴るなんてツライよね。私のせいで……。これからは気をつけるから」と、かわいそうに謝ってしまったのです。それがまるで王様のようにわがまま放題をしたい私には、また例の「落差《ギャップ》」を感じさせ、強い快感を生んだとも、後から振り返ることができるように思われます。

こうして、淋しくて淋しくて、相手を傷つけて、あまつさえ暴力まで振るい、それをさらに彼女のせいにして奴隷のように従属させようとするところまで行き着いてしまったのでした。

そして、いつの間にかそれが心に染み付いてやめられなくなったとき、彼女は体調を壊し、私は私ですぐ不機嫌になる衝動をやめられないことについて、自己嫌悪に陥っていました。

## 幸せになれない構造

彼女とはほどなく離婚することになりましたけれども、離婚後も一緒に住み続け、一年くらいはくっついたり別れたりを繰り返していました。

「満たされたい」と願い、「欲しい―足りない」の渇愛が求めるものの本質は刺激の落差《ギャップ》に興奮するジェットコースターです。

ですからやはり、満たされるということがない。心はなにかが満たされればより強い刺激の落差《ギャップ》を求めるわけですから、常に「足りない」でいて「淋しい」のです。その足りないものを見つけだしては不満でイライラし、攻撃するという方向にハマりこんでしまうのも必然なのでした。

これは、多くのカップルに生じることです。付き合う前は、「うまくいかないかもしれない」「これを言ったら嫌われるかもしれない」とドキドキする。刺激がある。

しかしながら、ふたりの関係がうまくいき、落ち着いてきたら、そんなドキドキ＝刺激は消えてしまいます。当たり前のことです。うまくいっているから刺激がないわけで、つまり、それが幸せなのです。しかし、人は一般的に刺激が繰り返されることを望んでいるので、幸せだと自覚せず、飽きてきたと思ってしまう。

心の構造上、ないし神経回路の構造上、幸せになると飽きてくるものなのです。だから、幸せにはなれない――。前はあんなに大好きだったのに心がときめかなくなったと言いだして、ときめくためにわざと喧嘩して別れ話を持ちだしては仲直りし、そのことで刺激の落差《ギャップ》をつくろうとしたりする。

私も怒鳴っていながら、「怒鳴ってごめんね」と許しを乞《こ》い、彼女が帰ってくることを望んでいる。そして仲直りをしたときは、彼女がいない喪失感を味わい苦しんだ分、安堵《あんど》と充足感、満たされた気持ちよさを感じていました。快楽の本質は刺激の落差《ギャップ》であると申しましたが、まさに失っては取り戻し、の繰り返しで刺激の落差《ギャップ》を生じさせることから、逃れられなくなっていたのでした。


そうして、刺激の電気ショックで自らの心を麻痺させるマゾヒズムを続けているうちに、「前は幸せだったのに……」という幻想にとらわれやすくもなります。

「前はあんなにも素敵な人で、美しかったのに。なんだい、今のそのていたらくは」

というような、現実の彼女を全否定するような発言もいたしました。こんな、ひどく傷つける言葉をはいたのも覚えております。

「頼むから、これ以上、あんなに素敵だったキミの思い出を汚さないでほしいんだ」

と。


いわば、私の脳内にある「素敵な彼女」という幻想を、現実の彼女が破壊している。それをやめて、私の幻覚どおりにもう一度ふるまってくれ、と。

それを聞いて彼女は「あなたは私のことなんかどうでもよくて、あなたの頭の中にいる幻が好きなだけでしょ」と泣き崩れました。私は相変わらず、私のことをすべて受け入れてくれるエーテルのような、どこにも存在しない幻を愛していて、それゆえ、現実の彼女はひたすら私から拒絶されているように感じ、淋しさを募らせるのでした。

こんなふうに、「キミがいるせいで理想のキミが壊れていく」と怒りだすのは男性によくありがちなことのようにも思われます。

女性と比べて生まれながらにして生命体として虚弱なぶん、男性のほうが妄想することで現実の弱さを補おうとする、という生物学的仮説を聞いたことがあります。その真偽はともかく、知らぬ間に、「相手」が「相手によって喚起された自分の脳内理想イメージ」にすり替わってしまうのだとしたら、どんなに仲の良いつもりでも、私たちは自分の脳内という牢獄に幽閉されたまま。それが淋しいのは、当たり前と申せましょう。

こうして脳内牢獄に幽閉されたまま、満たされないので怒る、相手が理想を裏切るので怒る、というパターンを繰り返す。そのとき、私たちは今の現状を変えて、怒らず穏やかで幸せな関係を築きたいと主観的には思っているつもり。しかしながら、刺激↓快楽↓淋しさという反応のレベル、心の裏舞台のレベルでみると、実は幸せになんかなりたくなくて、今までのパターンどおりに怒りを繰り返して絶望していたいのです。脳内ではパターンに従って怒る準備が先にできていて、もしも怒れないと不発した感じになってしまうので、心としてはそれがイヤなのです。

このことは現代の脳科学でもある程度、立証されているようです。脳内神経の反応パターンを調べてみると、外からなにかしらの特殊な情報が新たにインプットされても、脳内で以前から続いている一定のパターンは、全然変化しないということです。

つまり、外界の、現実の相手のことなどおかまいなしに、ただ同じパターンを反復し続けることに脳は興味があるのです。ですから、自分の理不尽な要求が望みどおりにいかず悲しくなり怒る、というパターンにより刺激が得られる、と味をしめて、そのパターンが一度定着すると、あとはそのパターンを相手との間で繰り返すことのみが自己目的化していく。

こうして強烈な刺激、仏道の言葉で〝受〟と申すものを大量に浴びるためには、「満たされない」ほうが好都合です。私が求めていたのは、ある意味、「生身の彼女」

ではなくて、「彼女を通じて得られる〝足りない〟〝淋しい〟という刺激」になっていたのです。

それに翻弄されながら、別れたり戻ったりを十回以上は繰り返し、さすがの愚かな私も気づかざるを得ませんでした。

彼女に対して私が抱いている「淋しさ」「通じ合えなさ」「憤り《いきどお》」は彼女の責任ではなくて、単に私の心にぽっかりとあいている、ブラックホールのような空しさがあまりにも巨大すぎるからなのだ、と。ただ、私自身がひたすら淋しすぎるだけ。

今のこの心を抱えたままでは、たとえ彼女ではなく別の女性を好きになっても、やはり「欲しい↓手に入れた↓淋しい↓もっと↓もっと」を繰り返して、相手を困らせて傷つけて、互いに自滅するだろう、ということが手にとるように想像できました。

この「欲シイ―足リナイ―淋シイ」の無限連鎖を断ち切って、少しでも心のブラックホールを縮小しない限り、たとえどんなに優しい人と一緒にいても、どんなに素敵な人と一緒にいても、自分からダメにしてしまうだろう、と。もう、ムリだと。

これはもう、今の私の構造上、ムリなんだな、と納得したとき、ようやく彼女と本気で別れて自分の心を鍛え直そうと決心できたのです。

彼女と今度こそお別れしよう、と決めたとき、心の中には「淋しい、離れたくない」という激しい渇愛が生まれて苦しみました。けれども、それを「欲の苦しみ」と意識してじーっと見つめながらその苦しみに向かい合い、その感情の嵐が収まっていくのを待ったのでした。

## 病みつきになっていた奇妙な遊び

私の結婚生活についてはこれくらいにしておいて、「無知」による逃避という話の続きに戻りましょう。

よくよく振り返ってみますと、学生運動に足を踏み入れたのも、社会を転覆させたい、今の苦しい生活をぶっ壊したいという願望があったと同時に、そもそもは単なる苦悩からの逃避という意味合いがあったのだと思われます。

ああした運動というものは、参加していると実感するだけで刺激的と申しますか、なんだか革命戦士になったかのようで気分が高揚してきます。一九九〇年代のことですから、今どき時代錯誤な失われたロマンスのようにも思えました。国と大学を相手取っての廃寮反対闘争については、初めから勝ち目がなさそうなのはわかっていましたが、敗北してゆく側に立つことを、ロマンティックだと思って美化していました。無意識のうちに、苦しさから逃げるための刺激として格好のものだと感じたのでしょう。

実際に私がやっていたことといえば、革命運動とは程遠く、高揚した気分を味わうだけで、早々に失望することとなるのですから。

自分の苦しさから一時的に逃れてイヤなことを忘れることができても、苦しみが消えてなくなるわけではありませんので、刺激がなくなったときには、その苦しみがよみがえってきてイライラすることになります。

それを忘れるために、もっとパワーの強いものへと向かっていきます。次々に新たなる刺激へとスライドしていくのでした。

学生運動の場では、罵《のの》り合いに近い状態で論争したりもいたしますから、当然ながら心身ともに疲弊することになります。それがしんどくなって、それをごまかし、忘れなければいけない。忘れるために、バカ騒ぎのようなことをしたり、大声で歌を歌ったり、余計なことをたくさんしなければやっていられない状態で、さらに疲弊していくということの繰り返しでした。

当時、私が最大の刺激を見いだしたのは、見知らぬ人にちょっかいを出してからかうという、取るに足らぬ遊びでした。馬鹿げたことですけれども、学生運動よりなによりも刺激的で、癖になっていったのです。

小さな頃、まだ大阪に住んでいた折に、年上の怖そうなお兄さんの前に行って、「きゃー、オバケ〜!」と叫んで走って逃げるという遊びが、友人たちの間で流行《はや》ったことがありました。年上の彼らは怒って追いかけてくるのですが、捕まらないかとヒヤヒヤドキドキしながら逃げたものでした。

子供の頃の悪童ぶりを思いだしたのかどうかはわかりませんが、大人になってから似たことをやってみたら、これが面白いのです。まったく無意味で馬鹿げたセリフを考えては、道行く人に声をかけるようになりました。通りすがりの人に「どうぞ、食べてください」と食べかけの果物を差しだしてみるとか、そのような遊びです。

しかし、馬鹿馬鹿しさは次第にエスカレートし、道を聞くフリをしながら「スターバックスの場所はどこですか？　この町で店内に動物園があるスターバックスがあると聞いたのですが、不思議な動物を飼っているというお店はどこですか？」などと聞いて回ったり。あるいは、わざわざ奇妙なアンケートを作成し、新聞記者かなにかのフリをして道端でアンケートを取ってみたり。そのアンケートの内容はといえば、「あなたは、A4用紙の端っことB4用紙の端っこと、どちらに猥褻《わいせつ》さを感じますか？」などという支離滅裂さ。

そのような質問を、ときには方言を使って「わだすぃ、田舎《いなか》から出てきたばかりでぇ、まんだぁよぐわがらねんですけどぉ」みたいな調子で行ったこともありました。

ほとんどの人は、戸惑ってしまうか、気味悪がるか、怒りだすか。怖がって逃げる人もいました。

おかしな人間が突然やってきておかしなことを言えば、そうした反応を見せるのが当然でありましょう。その反応が面白くて、戸惑う相手にますますにじり寄って「どぢらですかぁ？」と食い下がってみたりして、逃げるようにして去っていく人の姿を見ては、大笑いをしていたのです。

もう少し、露骨に迷惑がかかるようなこともした気がいたします。

モノを投げつけるなど直接的で暴力的なやり方は、怒られるか露骨に迷惑がられるだけで、相手の反応が一様なため、そんなに大笑いすることができません。面白がるためにやっているので、暴力を伴うちょっかいはいたしませんでしたが、もう少しエスカレートしていたら、逮捕されていたかもしれません。

反対に、相手を怒らせすぎて手痛い目に遭ったことも、一度だけありました。

ある日、渋谷で酔っぱらっている身体の大きな男性に対してひどいからかい方をしたところ、その男性が本気で怒りだして、罵声を浴びせてきました。自転車に乗っていた私は、どうせ追いつけないだろうと「知るか！　バーカ、バーカ」とか「ほっとけ！」とか、なにかしら口汚い言葉を浴びせ返しました。

ところが、自転車をこいで悠々と逃げ去ろうとしたところ、予想外なことに男性がわざわざタクシーに乗って追いかけてきたのです。そして追いつかれ、自転車の後ろからいきなり蹴りを入れられ、横転したところをすかさずストンピング。何発となく蹴りつけられるハメになりました。相当な血まみれになり、通りかかったトラックの運転手さんが「もう勘弁してやれ」と仲裁に入ってくれてようやく助かりました。

## エスカレートするドキドキ感

そのような痛ましい体験をすれば普通は懲りてしまいそうなものですね。にもかかわらず私が抱いたのは、むしろ正反対の感情なのでした。

屈強な男性に何発も蹴りを入れられているヤバイ状況は、もちろん痛いですし、イヤで仕方がないのに、心のどこかで「もっとやれ、もっとやれ」と思っている。「こんなヤバイ状況に陥っている自分って笑えるじゃないか。もっとひどいことになればどうなるんだろう」という思いが頭の片隅にあるのです。

乱れた女性関係で揉《も》めて大層な騒ぎになったときも、「困ったなあ」と思う一方で、「こんな展開、ドラマチックで楽しいかも」という他人事のような見方と、「別にいいや、どうにでもなれ」という投げやりな感情が、自分の中で入り交じっていました。

困った事態を招くことを恐れる気持ちより、刺激が欲しい気持ちのほうが強かったのでしょう。「どうなったってかまわない」という投げやりな生き方をしながら、ひたすらドキドキできて大笑いできる刺激を求め続けていたのでした。

そのドキドキ感は自分の体調の悪さや、人間関係の悩みも忘れさせてくれたのです。ただし、いっぱいドキドキしてスッキリしたからもう満足、という充足感は永遠にやってきません。馬鹿げたドキドキ感を得るためにさらに疲れがたまり、やはり心も身体もおかしくなっていく。そしてまた、より大きなドキドキ感を求めてしまう。

麻薬の構造と同じであります。脳は、クスリに頼らなくても脳内麻薬でショッキングな刺激をつくりだすことができるのです。

どんな刺激についても当てはまることでしょうが、強いショッキングな刺激が入ると、最初は「うわっ、なんだろう」とビックリして意識が覚醒したような気分が生じます。二回目はどんなものかを知っているので、少し慣れる。繰り返していくとどんどん効果が薄れていくので、刺激の量を増やさないといけなくなってしまう。

私がどぎつい奇妙な行為によってつくりだしておりました笑いの刺激も、脳内麻薬を大量に分泌させるような刺激である以上、客観的に見れば麻薬中毒患者が求めるものと同質なのでした。

## 笑いは麻薬的な刺激である

私の奇妙な刺激の求め方は別にして、楽しく大笑いすれば、ストレス解消になって結構なことではないか。エスカレートして中毒になるなんておかしいのでは？

読者の中には、そのような疑問をお持ちになる方もいらっしゃるかもしれません。

しかしながら、「笑い」なるものも、実は世の中でその影響が誤解されているもののひとつなのではないかと思われます。

笑いはストレスをごまかし忘却しようとするような、強い刺激を心に与えて中毒化させるものなのです。あらゆる刺激の構造は麻薬と同じであると申し上げましたけれども、どんなに面白いお笑い芸人でも、何度も見て馬鹿笑いしていれば、いずれそのパターンに対して必ず飽きる。慣れてしまうのは、麻薬的な刺激だからにほかなりません。

微笑みから始まって「ニコッ」とか「クスクスッ」という程度の穏やかな笑いであ

れば、中毒になることもなく、穏やかな心持ちに対応していることでしょう。それ以上の、楽しくて仕方がないというような大笑いは全部、麻薬と同じ刺激物。

平常時でとてもリラックスしている快適な状態であれば、さほど大笑いすることはありませんし、そもそも笑いによる刺激を必要としません。重圧やストレスがあるから、笑いという刺激が欲しくなってしまう。

集団で大騒ぎして馬鹿笑いしたくなる人というのはすなわち、大笑いで吹き飛ばしたいくらいのストレスを抱えている人でもあるのです。「刺激が欲しい！」「笑いたい！」と求めているからこそ、大騒ぎしたくなる。すなわち「笑えばストレスが吹き飛ぶ」のではなくて、「ストレスがあるから笑える」のだとも申せましょう。

一時期ほどではないものの、お笑いブームはまだ続いているようです。多くのお笑い芸人が次々に登場しては、飽きられて消えていくとも言われますが、これは、この時代の日本がストレスだらけであることの証左ではないかとも思われるのです。

また「癒やし系」などという言葉も頻繁に使われておりますが、こちらも同じことで、どんなジャンルでも「癒やし系」が出てくるのは、「癒やされたい」という需要があるからにほかなりません。みんながリラックスしている社会なら、「癒やし系」

にはなんの価値もありません。

笑いという現実逃避を社会が「もっと、もっと」と求め続けているのであれば、それは実は、社会全体の歪みを温存することと共犯関係にある、とも思われることです。疲れきっていても、笑って癒やされたぶんだけ「さあ、もう一度たっぷり疲れようか」という風情に。

## 笑いの悪影響

話の流れでもうひとつ申し上げるならば、同級生をイジメているイジメっ子たちの表情を想像いたしますと、あざ笑うような表情が浮かんでまいります。もっと暴力的に、倒れた人間をボコボコと蹴りつけている男性たちの顔にも「イヒヒヒヒ」といったイメージの笑いがこびりついています。刺激的なことをいたしますと、自然といやらしい笑いがこみ上げてくるもの。

暴力と笑いは、ときとして共犯関係になることもあるように思われます。

時代が笑いによる脳内麻薬を欲しているのは、ともすればイジメ問題と根底でつながっているのかもしれません。

「イヒヒヒ」のような、「ニコッ」「クスクスッ」の微笑みではない刺激としての笑いには、心に悪影響を及ぼしやすいいくつかの種類があります。

ひとつめは、相手を貶める笑い。バケツをかぶった惨めな姿の人を見て笑ったりなど、他人の悲惨な状態を見て生じる笑い。「かわいそう」などと思うことなく笑うことができるのは、優越感が刺激されているからです。

ふたつめは攻撃する笑い。「それは違うだろ!」という「ツッコミ」を入れるときなどに生じる、馬鹿にする笑いです。

そしてもうひとつは、不条理、シュールな笑い。奇妙でおかしな話、なんだかわからなくて納得できないものなどを、なんだかわからない組み合わせで見せたときなどに、独特の笑いが生じます。

この三タイプはそれぞれ、これまで説明してまいりました煩悩に支配されているものであります。ひとつめは「自分より馬鹿なヤツがいる」と優越感を覚えたがる「慢」。ふたつめは怒りのエネルギーをぶつける笑い。最後のはわかりにくいかもしれませんが、情報が混沌《こんとん》としてメチャクチャになる状態、「無知」を刺激されて笑うものです。

たとえば、イジメっ子の表情に浮かぶ笑いなどは、「慢」と「怒り」が複雑に絡み合って形成されたもの、と分析することもできます。

単純な形で分類いたしましたけれども、いずれもある種の混乱状態におくという意味では、すべて「無知」が支配しているのでありますし、いろんな煩悩が入り交じって歪んだ笑いを生みだしているのだと申せましょう。

## 変わらない「自分」アピール

私の馬鹿げた遊びを再び振り返って分析してみますと、刺激を求めるという目的とともに、相も変わらぬ「自分」アピールが同居していたと思われます。

刺激を求めて笑いたいだけならひとりでやればいいようなものでありますが、私が他人にちょっかいを出すのは、決まって親しい人物と一緒にいるときでありました。

自分がお付き合いしている人、もしくは好意を抱いている知人、一緒にいると楽しい友人等々。自分はこんなに奇妙なことをやる面白い人間なのですよ、と思ってもらいたい人たちです。

そのような人々の反応は、「反社会的で非常識だ」と嫌悪感を示す人や、仕方なく付き合ってくれる人などさまざまでしたが、あいにく面白がってくれる人はほぼ皆無でした。嫌悪感を示す人とのお付き合いは次第に薄れ、「奇妙なオリジナリティ溢《あふ》れる自分」を受け入れたり認めたりしてくれる人たちとだけ仲良くするようになっていきました。

ちょっかいを出すことによって、自分がラクに付き合える人間をフィルタリングしていたようなところがあったようにも思い起こされます。

高校時代にお笑いキャラを演じていたときと同じように「注目してほしい」「認めてもらいたい」という「慢」に支配されているものの、認められるための演技をして誰ともコミュニケーションできなくなったあの頃と違い、「みんなに認められなくても別にいいや。わかってくれる人とだけ付き合えばいい」という感覚です。

ちょっかいを出された相手の中にも、ごく稀《まれ》にですけれども、面白がって付き合ってくれる人もいまして、仲良くなったりしたこともありました。

## コントロールを失った「自分」

「友達に自分を受け入れてもらいたい」「面白いヤツだと思われたい」というメッセージを含みつつ、笑いの刺激を求めるために好きでやっていた遊びは、いつのまにか癖になっていてやめたくてもやめられない状態になったことに気づいたのでした。自分の意志でやっているつもりでいたのに、格好の相手を見つけたら、条件反射みたいに声をかけてしまうようになっていたのです。

声をかけて遊ぼうと思っているわけでもないのに、ふと気がつくと赤の他人に後ろから声をかけて呼び止めたうえで振り向かせ、「へにょにょにょにょにょ〜ん」などと奇天烈《きてれつ》な声を発して他人様をびっくりさせ遊んでしまう。

無意識に私の中で、ある種のパターンがすでにでき上がっていたのでありましょう。道を歩いているときに、ちょっかいを出しやすそうな人に出くわすと、無意識が「あ、標的発見」と知覚し、自動操作で機械的に身体が動きだして、自分でもなんだかよくわからない言葉が口から発射されていくのであります。

当時お付き合いしていた女性にも見抜かれていたようで、私がちょっかいを出す相手かどうか、彼女は的確に予想できるようになっていました。「あ、ちょっかい出しそうな人がやってきた」と思うと、私が予想どおりちょっかいを出し、「ホラ、やっぱりすると思った」と言われてしまう。

ふざけないでおこうと思っているのに、なぜか口に出てしまう。やめたくてもやめられないことに気づいたとき、私は愕然《がくぜん》としました。

自分で自分をコントロールできない。一体これはなんなのだろう？

あまりの悲しさに、涙が出そうになりました。道行く他人相手だけではないのです。たとえば「ブタさん」という言葉がひとたび気に入ってしまうと、四六時中「ブタさん」を口走るようになっておりました。

お付き合いしている女性とふたりでいるとき、相手に話しかけられても「はいはい、

「ブタさん」などとやり返すのです。「ブタさん」しか言わない私を、彼女は「いったい私をなんだと思っているの！」となじり、泣きだしてしまいました。

そのときは反省し、ふざけるにしても「時と場所を選ぼう」と考えるのみで、ふざけるくせそのものから足を洗おうと思っていたわけではありません。けれども、ふざけたことを言うのをやめようと思った時や場所でも、変な言葉が次々と出るようになっていたのです。ふざけているような場合ではないシリアスな状況でも、口から出てくるのをやめられないのでした。

たとえ恋人が深刻な悩みを相談してきても、「うーん、それは哲学者のヘーゲル先生によると、ピーナッツをたくさん食べれば解決するよ」などと、ついつい茶化してしまい、相手を怒らせてしまう。やめようにもやめられない。馬鹿げた笑いを使って楽しんでいたつもりが、反対に私自身が笑いに使われている。

回し車で走り続けるハムスターのように、ひたすら強迫神経症的にふざけ続けさせられている自分の実像が見えたとき、楽しいと思っていたものが実は苦しみでしかなかったことに、私はようやく気づきました。

感情の赴くままにカッとなり、暴力を初めてふるってしまったときもショックは大きかったのですけれども、そこには激しい自己嫌悪が伴っていました。ところが笑いについては、それまでまったく自覚がなく、また、笑いは私のアイデンティティのひとつを成していて、それに対してポジティブにも評価していただけに、ショックは大きかったのです。

その頃はすでに大学を卒業し、とあるお寺で僧侶として働いていた身で、これまで抱えてきた苦悩に、仕事がうまくいかない悩みも重なって、絶望的な気持ちになっておりました。

そのためもあるかもしれません。どんなにふざけたことを言っていても、四六時中ふざけているという意識を持っていなかったのです。「やめよう」と思うようになってようやく、実は四六時中、いつも妙なことを口走っていることが見えてまいりました。やめるかどうかという以前に、自覚すらなかったのですから、変化させられるはずもありません。「見」と「無知」によって認識力がボンヤリしたどころのお話ではありません。これでは盲目、完全な無知蒙昧《もうまい》であります。もっとも親しい人には、「あなたはこれを一生やめられないだろう」とさえ言われてしまいました。

なんとかしてふざけるのをやめたい、せめて自分で制御できるようになりたい、という思いが強くわいてきました。人間関係でも、周囲とひどい軋轢《あつれき》が生じるようになっていきました。幼少期から澱《おり》のように私の中にたまっていった「慢」の業は、もう限界にまで達してきていたのです。

それ以降、私はそれまでタラタラと続けていた坐禅瞑想に本格的に打ちこむようになっていくのです。

結婚によって発見した、怒りの煩悩を吐きだすだけの醜い自分。
心の中に、ぽっかりと大きな渇愛の穴を抱えた自分。
悪ふざけをやめられない、頭の中が大混乱した自分。
自分という名の奇妙な心身複合体を変容させるための修行が本格化します。

第四章

# 変容と再生

――修行で生まれた新しい自分

## 坐禅瞑想との出会い

父から原始仏教の坐禅瞑想法を教わったのは、大学在学中に生活が乱れて一回目の留年をしたときでした。その頃の私は、父に「お前の育て方を間違えた……」と絶句されるほどの状態に陥っていました。私の結婚や離婚をめぐって両親も大いに振り回され、それに対して両親が私に意見するたびに、私は激昂して、「ほっとけよ、クソババアッ、死ねよ」などと汚らしい言葉を吐いて怒鳴ったりしていました。

ときどき帰省する際にも、電話で話す際にも、私は少しでも自分の意見を正されるようなことを言われるとカッとなって怒鳴ったり、「もういいよ、どうせあんたにはわかんないよ」と吐き捨てたりしてしまうため、いつもいつも喧嘩になってしまうのでした。

父とは何度も喧嘩をしましたけれども、私は心の底で腕力のある父のことを恐れていましたので、「やるのかッ」と取っ組み合いになりそうになっても、そこはギリギりのところでとどまってました。心が怖がっていて筋肉が萎縮《いしゅく》し、いわゆる「ビビっている」状態になっていたおかげで、父に対しては身体的暴力に及ぶことはありませんでした。

ところが腕力の面で明らかに劣っている母に対しては、卑怯《ひきょう》なことに何度か、身体的暴力を向けてしまいました。

「お前なんか死ねばいいんだよ、わかった？」

そう怒鳴りながらボールペンを投げつけて威嚇したり、二、三度ほどは直接、手で身体を殴りつけてしまったこともあります。母は我が子にこのような仕打ちを受けるのがあまりに悔しく情けなく、そして悲しかったのでしょう。「う、う、う」と唸《うな》るように涙をこらえていたように記憶します。

このような状況ですから父母から見た私は、一体いつ激昂してなにをやらかすかわからない、危ない生き物といった具合でした。そうして、母も私に対しては嫌みを言い続けるようになり、母と私はいつしか憎しみ合い、罵り合うような関係になっていました。

かつてはあれほどまでに愛情を求めた相手に、「お前の愛情なんてイラないもんね、お前なんかいなくてもいいもんね」とばかりに、攻撃性をぶつけるようになったのです。

そうしたこともあり、当時の母はいつも不機嫌で、いつもブツブツとなにかに怒っているような状態になっていました。こんな最悪の家族関係で、父が「お前はここで変わらなければ、本当にダメになる。瞑想を教えるから、一週間だけ取り組みなさい」と切りだしたのは、夏に帰省したときでした。「さもなければ、勘当する」と言われたような気もします。

例によって私は反抗的で、そのうえ当時の父が実践をし始めていた原始仏教の瞑想を「なにか新興宗教の一種みたいで怪しいな」と偏見を持っていたため、そんなことはやりたくない、と反論しました。

これに対しての父の説明は「やってもみずに批判するのは非科学的である」と極めて明快なもので、私も「一週間だけならやってもいいかな」と思わされました。かつては熱血漢で激しやすく、ときどき母や私に手をあげることもあった父が、その頃にはとても穏やかになり、視野は広く、物言いや物腰が柔らかくなっていたのを、私は再会するたびに、なんとなく感じてもいたのです。

怪しいな、と偏見を持つ他方で、どうやら父は今になって精神的に成長し始めているらしい。ということは、父が実践している方法はいいものなのかもしれない、という思いが認めたくないながらも存在していたのは事実でした。

そうして、女性関係でもどん底、家族ともどん底。さすがに「もう苦しすぎて、これ以上はもたない」というところから、脱出しようという道行きが始まりました。

たった一週間ではありましたが、坐禅瞑想により、自分の乱れに乱れた心が静まったり、心の乱れにとらわれそうになっても、その乱れにとらわれずに穏やかに見つめていれば、流れ去っていく、というのを体験することができ、私の人生に静かな革命が起こり始めたのです。

これまで、「学校で騒ぐこと」にせよ、「恋人に求めすぎてイライラし、ひとりベッドを抜けだして帰ってしまうこと」にせよ、ある感情がわいてくると、自分ではそうしたくはなくても、なぜか自動的に騒いだり、抜けだしてしまったり。ずーっと、そうした心の病癖に流され続けて、かつて学校の作文に記したように、そのことを半ば諦めていました。

ところが、「あ、心に浮かんでくる感情って、こうやって瞑想状態で客観的に見つめていると自分を支配できずに、すっきり消えていってくれるんだな」ということが生まれて初めて体感できたのです。

これをひたすら練習していくことで、自分は良い方向に生まれ変われるのではないか。そういったうっすらとした感触を得たのが、この一週間の取り組みの中でのことでした。そして自分をこれまでの悪循環から脱出させるには、これ以外に最良の方法はないだろうと感じ、修行を積み上げていきさえすれば、自分自身を変えることができると確信していったのです。ああ、この心の技術こそが仏道なんだな、とようやくわかったのでした。

しかしながら、坐禅瞑想に対する意欲は上がったり下がったりで、時おり励んではいたものの、本腰を入れるまでには至っていませんでした。普通の生活をしながら、朝の起床後や就寝前などに一～二時間だけやってみる程度です。しばらく続けていると、心が落ち着いていくような実感を得ることができ、にもかかわらず、そのうち投げだしてやらなくなる。けれども二～三カ月ほどやらずにいると、心がだらけ始めて、それが心地よくない状態なのがわかってきます。では再度頑張ろうかと励みますものの、いつの間にやら挫折して、すっかり修行のことなど忘れてしまう。といった調子でダラダラとやったりやらなかったりでした。

いよいよ坐禅瞑想に本格的に取り組もうと決心し、自分の修行に身を入れるようになったのは、私が営んでいた『イエデカフェ（家出カフェ）』を休止した後のことになります。

## 内面の矛盾とシステムの矛盾

『イエデカフェ』とは、まだ寺院でサラリーマン的勤務をしていました頃に、お寺の本堂や定休日のカフェなどを借り切って、イベントとして始めたものでした。各人が抱えている煮詰まった日常から逃れ、一時的な「家出先」として、心の空気を換気してもらう場所。そのように位置付けたイベントに同世代の人たちがたくさんいらしてくださるのを見て、やがて自前の空間をつくろう、という気持ちになりました。

そこでたまたま世田谷駅近くに見つかった条件の良い物件を改装して『イエデカフェ』とし、同時にそれがお寺でもあると言い張り「月読寺」と名乗りました。

私はその空間で暇なときは坐禅瞑想をしつつ、お客人がいらしたときはメニューを出してお茶やデザートや精進料理を作って提供しておりました。そうして、ホッと一息ついていただきながら、お客人の話を聞いたり、時に悩み相談に乗る、ということが定着していきました。

しかしながら今思えば、それも純粋な気持ちで取り組めていたのかどうか、怪しい側面もあります。「仏教なのに『カフェ』というのは新しいでしょ?」というようなことを見せびらかしたかった欲求も混ざってはいたことでしょう。また、他人の悩み相談を聞いてあげるのも、他人を救ってあげることで自分が立派になったように思えるから、という欲望もまた、混ざっていた気もいたします。「人のために」と言いながら、人を操作する欲望が混入していたことは否めず、「オリジナリティ溢れる自分」「エラい自分」という気分を味わっていただけなのかもしれません。そこまで言うと当時の私がかわいそうな気もしますけれども。

現在も相談に乗ることは多々ありますけれども、たとえそれがうまくいっても嬉しくはないし、うまくいかなくても悲しくはありません。けれども当時は、自分の価値を高めようという思いが強く、相談がうまくいくとウキウキと嬉しくなり、相談がうまくいかなければ自分の株が下がるような気がしていました。だから、三時間くらい話を聞いてあげて、うまくいかなかったと感じると「三時間も話を聞いてあげたのに！」と悔しがったりイライラしたりしていました。

自分が助言した言葉に相手がどう反応したか、それによって、自分の言葉がうまくいったか、うまくいっていないか。そこにばかり意識がとらわれすぎていたのでした。心の中に「自分が」というノイズが何度も出てきてしまうので、相手のことを聞いているようで聞いていなかったり、相手がなにを言っているのか途中でわからなくなったり、相手の真意がわからなかったり。

そして、いったい自分はなにをやっているのだろうと思ったのです。結局、こうした活動さえも「慢」の煩悩にとらわれてやっているだけ。「家出」と言いながら、家の中、慢に閉じこもったままだよね。そのことに気づいて、ほどなくして『家出カフェ』を一時休止＝〝冬眠〟することにしたのです。

また、そこには別の事情もありました。『イエデカフェ』をイベントとして始めた当初は、お寺に勤めていたのですが、『イエデカフェ』を一軒のお店として構えてからは寺勤めをやめ、生活のために葬儀の派遣業に登録していました。

東京や名古屋、大阪などの大都市圏では、菩提寺《ぼだいじ》を持たない人も多く、そうした人たちをターゲットに、葬儀社や病院、僧侶たちの間に入って葬儀の手配を仲介する業者がたくさん存在しています。私が登録していたのはお坊さん自身が運営しているところで、その運営者自身が属するのとは別の宗派の葬儀のときなどに、登録している僧侶に依頼が回ってくるのです。

大きなお寺さんが引き受けたがらないような、「お布施」の少ない葬儀や、いわくつきの葬儀などが、私のような下っぱには回されます。そのうえ、仲介業者に「マージン」を半分持っていかれますから、一般的な葬儀よりずっと少ない収入にしかならず、登録しているのは、当時の私のようにお金がなくて困っているお坊さんや、一般の家庭から出家してお坊さんになったような人でした。それでも、法事であれば一回一万～二万円。葬儀だったら五万～六万円の収入になりました。

しかし、それが私自身の心に矛盾を生じさせていたのです。私には、葬式仏教はそれはそれで死者を悼む意義を持ってはいるものの、本来の仏道とは違うものだという思いがありました。今でこそ、葬儀や法事を積極的には引き受けず、こうして瞑想指導を仕事にしたり本を書いたりしておりますけれども、当時の私は自分の生活のために派遣の坊主などというものをやっていたわけで、自分自身に誇りが持てなかったのです。

どこか後ろめたい気持ちがあって、派遣先では、せめて読経と説法はちゃんとしようと一生懸命務めていたのですけれども、変に頑張りすぎてしまうために余計に疲れてしまう。精神的ストレスが激しく、一回、派遣されるだけでグッタリとしてしまい、帰ってすぐごろんと横になるような日々でした。

それでも、『イエデカフェ』が少なくとも主観的にはいい形で機能していたと思っていたので、それを守るためなら、このイヤな派遣でもやっていけるかと頑張ってはいました。しかしながら、その『イエデカフェ』は利益をあげるどころか明らかに赤字で、電気代や食材費、備品などはこの派遣で得たお金でまかなわれている。「お金や名誉といった社会の価値観を忘れて家出してきてください」というコンセプトの『イエデカフェ』自体が、葬儀の派遣という金儲《かねもう》けのシステムによって成り立っている。私だけでなく、『イエデカフェ』そのものにも矛盾があり、それに目を瞑ってはいられなくなったのでした。

ちょうどその頃は、のんびりながらも瞑想を独習し始めて四年が経過し、徐々に意識の覚醒度合いが高まってきていました。仏教系の瞑想法にはさまざまなものがあるのですけれども、私はそれまで長らく、次のような瞑想法を採用していました。

お腹の膨らみと縮みを感じながら言葉で、「膨らみ」「縮み」とラベリングしながら、イラッとしたら「イラついている」とラベリングし、音が聞こえたら、「聞いている」ないし、「音」とラベリングする。そのことにより、すべての身体現象と心理現象を客観視するというものです。このアプローチは、二十世紀半ばにミャンマーの高僧マハーシ長老という人が生みだしたものだということは後になって知りました。

それはそれで私にとって、大いに有効であり、日々の人間関係で心が乱れそうになるたびに、その場ですぐ自らを客観視して落ち着きを取り戻すのに役立っていました。

しかしながら、いくらお腹の膨らみと縮みといった大雑把な感覚の推移を見つめていても、瞑想のテキストに記されているような、「身体感覚が微細に感じられるようになり、細やかな感覚が一瞬一瞬生まれては消えていくのがわかるようになる」とか、「心の変化が非常に細かく見えてくる」といったことは生じませんでした。

それまで私は、古代仏教の坐禅法はこれひとつしかないのだと思いこんでいたのですけれども、ティク・ナット・ハンというベトナム人僧侶が記した『変容と癒やし』という本と、ブッダダーサというタイ人僧侶が記した『呼吸とともにある念』という瞑想法の本に出会い、呼吸に意識を集中する坐禅方法のことを知りました。それらには十六段階にわたって、着々と精神集中と自己観察を進めてゆく方法論が簡潔に記されていました。それに取り組んでみますと、すぐに「これだ」としっくりくる感じがわかりました。流れていく細やかな呼吸をジィーッとシャープに感じていると、心が深く静まりかえり、今までよりもずっと、浮かび上がってくる感情から距離を取ってのモニタリングがしやすくなっているのです。その頃はそれらの本と、自らの呼吸を師匠にして、ひたすら坐禅瞑想を続けていたのでした。

## 修行によって消えた奇癖

修行を重ねるなかで、おかしな言葉を口走って人様にちょっかいを出したいという衝動は、いつの間にか、すっかり消えていました。

修行を始めたばかりの頃は、まだまだ悪ふざけを無意識にしてしまうくせが抜けず、もう変わるのはムリかもしれないな、と諦めたくなったこともありました。しかしながら、あるとき、自分がなにを口走ろうとしているのか、言葉が口をついて出る前にわかるようになっていることに気づいたのです。

台本のようなものとたとえればいいでしょうか。あるいはテレビでよく使われるテロップというとわかりやすいでしょうか。「この人にこの言葉を投げかけなさい」という指示がスーッと頭の中を通っていくのがわかるようになったのです。

かつての私は、いわば台本が与えられると同時に口走っていた。言葉になった後で、自分がなにを言ったのかに気づくような状態。「ブビッこ」とか「ルッコラルッコラ」とか「うっひー」とか。意味不明な言葉とすら呼べない言葉が反射的に出ていたのが、「今、自分はヘケケケと言おうとしている」ということが意識できるようになったのです。

おかしな言葉を言いだそうとしている、という自覚が一瞬生まれるのです。意識しながら見守っていると、そのセリフを言わされずに済む。

実はこの「台本が与えられる」という脳の仕組みは、誰であれ、いつだって同様に起きていることだと思われます。話そうとする一瞬先に台本が与えられて、一瞬遅れて言葉に乗せている。「これを話そうか、どうしようか」などと迷っていたり、あるいは頭の中でじっくりと論理的に考えているときなどは、誰でも台本があるということが比較的ハッキリと自覚できるのですけれども、迷いなく、淀《よど》みなく話しているときは、それが見えにくくなっています。

ですが見えにくくなっているだけで、頭の中で考えていることは究極すべて、私が、主体的に考えているのではなく、無意識の脳領域で先に勝手につくりだされ、後からシナリオとして意識にやってくる、というのが真実です。その証拠に、「考えるの、やーめた」と思ってみてください。それでも、考えが勝手に、どこかからやってき続けるはずです。

当時の私は、ただひたすら刺激を欲し、その欲望が言葉を口走らせるがまま、やみくもに言葉を吐きだしていたのでした。けれどもその裏に隠されていた台本が見え始めると、「こんなことを話したくなってるらしいねえ」と、口から飛びだす一瞬前に見つめ、そのセリフを言いたい衝動がすぐに流れ去っていくのを体験するようになりました。そうして、自らの裏側を流れていく台本に自覚的になるにつれて、次第にやめられる割合が多くなっているように感じられました。

今でもよく覚えているのは、吉祥寺《きちじょうじ》の街でバスに乗ったときのことです。バスに乗りこむと同時に、運転手さんに「このバスはブタゴリラ三丁目に行きますか？」と聞いたら、真面目そうな運転手さんがキョトンとした顔をされ、考えこんでしまいました。

その頃には、三分の二程度の確率でふざけるのをやめられるようになっていたはずですけれども、台本が見えたというのに、まだ私の見つめかたは未熟なもので、「見えたけど、言っちゃえ」と命令に踊らされてしまい、今までどおりに愚かしいセリフを口走ったのでした。

私はそのままバスに入りこみ、後方の座席に座りました。しばらくすると、運転手さんが後ろを振り向き「えっと、なに三丁目っておっしゃいました？」と問い返してきました。

そのとき、隣に座っていた恋人に「ほら、困らせちゃってるじゃない」と肘《ひじ》でつつかれ、急に自分が恥ずかしくなってしまい、猛烈に後悔をいたしました。一応は修行をしているというのに、自分はなんということをやっているのだろう。いたずらに真面目な人を煩わせてしまって。

いたたまれなくなった私は、「すみません、ちょっとふざけてしまっただけです。忘れてください」と運転手さんに謝りました。愚かしい台本が見えながらも、そのまま口に出してしまったことで、「もう、やめよう」と腹の底から思えたのでした。

おそらく、このときの体験が私の自己観察を強化させるきっかけとなったのでしょう。やめたくてもやめられなかった私の「他人にちょっかいを出す」という愚行は、これを最後に（ほとんど）なくなりました。

もちろん、おかしなセリフが頭に浮かぶことはその後も頻繁にありました。ただ、とにかく台本が示されてから話しだすまでのタイムラグが大きくなり、台本をチェックするチャンスが少しずつ増えていったような感覚。修行によって少しずつ心を見つめる習慣がつき、「この台本はそのまま流してしまいましょう」と冷静に判断できるようになって、抜けだせるようになっていったのです。

## 無意識から命令される

私が口にしてしまったセリフは「ブタゴリラ三丁目」ですが、よくよく自分の心を見つめてまいりますと、「ヘケケケ」だの「ポニョニョ」「ゲーリー・クーパー三〇〇〇人、ゲーリー・クーパー三〇〇〇人、さんぜーんにーん」だのという不条理な言葉や、「みんな死んでしまえ」「世界が滅びてしまえ」という攻撃的な願望ですとか、あるいは「もうドウデモイイヤ」「自分はダメだ」「いなくなってしまいたい」という厭《えん》世的《せいてき》な気持ちなど、さまざまな心の声が無数混ざっていることがよくわかりました。

そのような無数の言葉のテロップが次々と示され、その中のひとつ、「ブタゴリラ三丁目」の指示を認識しますと、そればかりが支配的になり、その他の言葉は認識される前に消えてしまいます。「ブタゴリラ三丁目」の後ろに控えていた、攻撃性や厭世観に染まった言葉の数々を忘れてしまうのです。そのように、ネガティブな言葉が次々に浮かんでいるということが、見えない。言葉にして口から出るまでの時間が短ければ短いほど、気づくことができない。

自分が口にする妙な言葉が、たくさんあるネガティブな言葉の中のひとつにすぎないと気づくことで、その言葉からの距離が生まれ、受け流して「ボツ」にできるようになったのです。

私たちの言動は実はすべて、このように台本を与えられ、それを演じているにすぎません。

これも仏道で申します「無我」というものの、一側面であると考えられます。「我」でしゃべったり行動したりしていると思いこんでいるつもりが、実は無意識の働きに命じられているもので、すこぶる不自由なのが現実のありさまなのです。その不自由さを実感できていないとき、私たちは自らがしゃべらされている内容を、自分の自由でしゃべっている、と錯覚する。ゆえに、自分の言葉に執着してしまうのです。

興味深いことに脳科学者たちも、このような働きを裏付けるような学説を述べています。人間は、脳の自覚できない部位がひととおり身体を動かす準備を終えて、次に身体が実際に一瞬だけ動き始めてから初めて、ようやく「身体を動かそう」と自覚的に命令を下すのだと。つまり、そこに「自由意志」はないのです。自覚するよりも、脳の自覚できない部位が行動を起こすほうが先なのです。

いまのところこれは、身体動作についての科学的知見ですが、瞑想実践をしている実感からしますと、頭の中に生まれる思考も、同じ順番で事後的に意識に与えられるのです。

ただ人間は、自分がそのように無意識から命令されている奴隷のようなものであって自由意志などないのだと認識すると、嫌になって命令に従わなくなりかねないため、あくまで自分の意志であると意図的に錯覚するような構造が働いているように思われます。本当は脳が後で処理したはずの、つまりは事後認識ですが、事後的に思わされただけのものを、自分が意志決定したかのように認識してしまう。

普段は自分が脳のシステムに従っている感覚はなく、自分の意志で動いていると認識している、その状態こそが「我」という幻影の本質とも申せます。ところが、台本によって決定されているだけなのだということが見えてまいりますと、自分がやろうと思っていることが、一定の流れに従って出てくるプロセスにすぎないという実感が生まれてきます。

そこには「我」などないのだ、ということに気づく。それが「無我」の智慧です。与えられる命令に早めに気づくことができれば、そのプロセスから流れでてくるシナリオについて、「どうせ自分でつくったものではないのだから、どうでもいいや」と白けた具合になり、執着しなくなります。できるだけ早く気づくようにすればするほど、与えられた命令を早めに察知して、それを採用することもできますが、執着なくさらさらと流れ去ってゆくに任せることもできる。坐禅によって自己観察することで、私は無我なるままに与えられる命令に気づき、結果として間接的にコントロールできるようになってきたのでした。

## おかしな「台本」が消えてゆく

もう少し説明いたしますと、妙なセリフを口走っていた頃の私は、それをやるのが楽しくて仕方がないわけですから、台本が示す思考にのっとられ、台本をチェックする余裕などまったくありませんでした。台本をチェックできないという状態は、すでにご説明しましたとおり「無知」という状態ですね。

「そんなことを言っても仕方がないじゃないか」と思っていれば、台本に気づき、ボツにできる可能性は圧倒的に高くなります。

「ブタゴリラ三丁目」のときも、「そんなことを言っても仕方ない」と認識するよう価値観が変化していたため、「あれ？　なんでこんなことを言いたいんだろう、おかしいな」と気づきやすくなってはいました。こうして命令を「ボツにすることができる」という状態になり、繰り返しおかしな台本が流れ去ってゆくに任せて、結果として却下するようになりますと、おかしな台本自体が少しずつ出なくなってくる、ということが起こります。今までと異なる選択をすると、心が整理され、混乱した情報が減っていくのです。

脳は常にデータ処理を行っていますから、「ボツにされた」という情報が刻まれ、それが反復されるようになりますと、混乱したデータや「ふざけたい」というデータ、人を非難する言葉のデータが総量として減っていき、もっと好ましい言葉や整った言葉を使ったというデータがインプットされ、蓄積されていくことになります。

それらがランダムに出てくることに変わりはないとしても、好ましくない言葉の総量が減っているのですから、必然的に「ブタゴリラ」のような言葉が飛びだしてくる比率が減ってくる。悪いパターンを減らしていいパターンを増やすことこそ、悪業を減して善業を積む、ということのエッセンスなのです。こうして、心の洗躍が徐々に進んでまいります。

徐々によくない命令の比率が減ってくれば、それが出てきたときには目立つようになる。目立てば余計に気づきやすくなります。心を流れていくテロップに好ましい言葉がたくさん並んでいる中に、「ブタゴリラ」という言葉が混じっていれば、極立《きわだ》ちますから、「おや？」と気づきやすくなります。

以前の私は、「ヘケケケ」「ブビッこブビッこ」「オポポポポ」などのふざけた言葉が洪水のようにテロップに流しだされていましたので、その中から「ブタゴリラ」を取りだしても、まるでおかしいと思うチャンスがなかったのでした。

お酒を飲んでいない人にいきなりお酒を一口飲ませたら、「うわ、変なものが入ってきたッ」とすぐに気づきますが、いつも飲んでばかりで酔っ払っている人にお猪口《ちょこ》一杯飲ませたところで、「今、新しい酒が入ってきた」とは、自覚できません。それと同じようなものでしょう。

そのように好ましい方向へ進めば進むほど、より加速度的に改善されていくことになるのですけれども、反対に、悪い台本の言いなり状態が続けば、こちらも加速度的に心が蝕《むしば》まれていくことになります。

自ら刺激を欲しがっておかしな台本を歓迎するようになり、いずれ、台本をチェックできなくなるどころか、本来あるべき自動チェックの機能さえ失われてしまうことになるでしょう。次々と出てくる台本をそのまますべて口に出してしまうことになる。街角でブツブツと不可解なことをつぶやき続ける方が稀にいらっしゃいますが、まさにそうした台本のダダ漏れ状態です。

そのような状態になりますと、内部だけで完結しておりますから、外部からの新しいフィードバックがあってもそれとは無関係に、エンドレスにリピートされ続けることになります。

今から思えば、私自身もある程度それに近い状態まで行っていたのではないでしょうか。むしろそうなってもかまわない、という気持ちがあったのかもしれません。狂気への憧れとでも申しましょうか。合理性がすべて崩壊した状態もカッコいいじゃないか、という気分です。「社会をぶっ壊したい」という願望が満たされなければ、「自分をぶっ壊す」ことで欲求を代替できそうですからねえ。ですからなおさら、自分を変容させなければいけないということに気づくことができなかったのだと思われます。

## 変わりたいという意志

人は、変わりたいと思い、変わろうと決意したときに初めて自分の心が見えてまいります。自分の心を制御しようと意識的に頑張ってみなければ、自分の心を制御できているのかどうかすらわかりません。

自分の欲や怒りをすべて抑えようとは普通思わないものですが、そもそも自分でコントロールできるというのは錯覚にすぎません。「無知」にとらわれた「我」の姿です。実際に支配しているのは、無意識のランダムな情報であり、DNAから与えられる命令のようなもので、自分が「自分」だと思っている意識などは、膨大な情報処理のいちばん先っぽ、ポツンと浮かんでいる小さな張りぼてのようなものにすぎません。

台本を与えられているという仕組みに気づき、錯覚に気づくために、坐禅瞑想の集中力により、呼吸とともに自らの心を見つめる技法は効果的なものです。けれども、それ以前に、変わろうとする強い意志が推進力になってくれるのです。ただし、「変わろう」と思っているのに、自由に自分を変えることができない、という事態に直面することを通じて、「自由意志」なるものに疑いを持つことを通じて。

　逆説的な物言いをすれば、自分が自分の意志だと思いこんでいるものを、観察してみるなら、「変わりたい」という気持ちすら無意識からの台本として与えられているのでありまして、「私の気持ち」ではないのです。「変わりたい」と強く思っているからこそ、そのはずなのに反対の怠惰さや人のせいにすることなどが勝手にわいてくるのに対して、「おや？」と気づきやすくなり、それを分析できます。

「お酒をやめたいのにやめられない」。悩み、やめようと思うからこそ、なぜやめられないのかを分析しようとする。自分の心と向き合い、自分の心がいかにデタラメな動きをしているのかを知る。

　自分の意志とはなにか？　それは本当に自分の意志なのか？「自分の意志」というのが幻であることを徹底的に自己観察するところからすべては始まると申してよろしいでしょう。

坐禅によって自分を観察する作業を行うことで、心の仕組みに気づき、台本に流されるままの自分を知り、知ることによって、おかしなことがだんだんと出にくくなる。出にくくなればなお、心の制御はしやすくなり、たまに出てきても「おや？」とすぐに察知できるようになり、心身に変化が起きていることも観察できるようになる。そして、おかしな言葉が口をついて出てくる悪癖はきれいになくなっていきます。

やめようとしてもやめられない状態は如何《いかん》ともし難く、修行を積んでもムリだと諦めてさえおりましたのに、自分を観察する力を養うことが糸口となり、さまざまな心のくせが溶けていくことになりました。

私を苦しめていた「慢」ゆえの淋しさに由来する苦しみもまた同じように、根雪が少しずつ解けていくように、消えていきました。

「相手に自分を認めさせたい」という気持ちが出そうになる。「自分が正しく評価されていない」と感じて心が沈みそうになる。そのような場合でも、「慢」が誤った台本を与えているにすぎないのですから、自分を観察し、「こんな命令が与えられている」といち早く察知し、そうした感情をジィーっと見つめ「念《きづき》」を向けることによって流れ去ってゆくままにすることができるようになったのです。

## 本格的な修行生活へ

　このように自分の心がより一層わかるようになってくるなかで、これを突き詰めてみようという気持ちが高まり、ついには愛着のあった『イエデカフェ』をいったん冬眠、ということにして、本格的な修行生活に入ることになりました。

　私にとって、知らず知らずのうちに執着の対象となっていたカフェを手放すことは、あたかも恋人と別れるときのような未練につきまとわれました。しかしながら、いざ手放して修行に専念し始めてみますと、これまで執着のために使われていたエネルギーをそっくりそのまま坐禅瞑想に注ぎこむことができるためか、心身にパワーがグンッとみなぎっているようでもあり、ひたすら修行に邁進する気力が生まれました。

　修行とは申しましても、特別どこかへこもったりしたわけではなく、東京のアパートや実家・山口の寺院にこもっての修行が一番長く、その他にはタイや京都なども転々としながら、ただひたすら呼吸瞑想の坐禅を続けていたのでした。その間はなにも仕事をせず、寝ているとき以外は坐禅しかしないというような生活が、およそ一年半くらい続きました。

このような修行生活を始めて二カ月目くらいの頃、初めて「三昧《さんまい》」とか「禅定《ぜんじょう》」と呼ばれる状態に入るようになりました。意識が呼吸にぴったりととどまって、呼吸以外のすべての感覚が消えてゆくほどに心が研ぎ澄まされている。他のすべてのものがまったく気にならず静まっており、身体は喜悦感と安楽感で満ち満ちている。そういった強い意識の集中状態です。

季節は冬の初め頃でした。意識の集中状態がかなり長く続いたときに、ふっと全身の感覚が抜け落ちたように背景化し、呼吸感覚だけが超スローモーションでコマ送りされているかのような臨場感で感じられます。

普段は意識があちらこちらへと高速で移動しているがゆえに、一定の速度で物事が変化しているという感覚がつくられています。しかしながら、禅定やそれに近い集中状態をつくってやると、意識を向けた対象のみをバチッと感じとってから、次の感覚へとバチッと移れるため、スローモーションのように感じます。

たとえるなら、自らの体内で起きている「ピクン」という感覚が、「ピ……ク……ン」と非常に細かく感じられます。あるいは腎臓に意識を集中させると、そこに起きている「ドクン」という感じを「ド………ク………ン」と、矯《た》めつ眇《すが》めつ見るようにリアルに感じとれる。

しかしながら、またそうして「感じとった」と思った感覚は流れ去っていき、すぐに消えていきます。そしてまた別の場所で「ピコンピコン」と感覚が生まれたかと思いきや、また消えていく。

身体中あちらこちらに微細な変化が絶えず生じては消え、点滅し続けているという現実を直視していけば、「無常」＝「一瞬一瞬」の変化という真理を体感できるのです。

また身体の内部では、電磁エネルギーのようなものがずっと貫いているのが感じられ、それが頭の上からピリピリパリパリと流出入しているのが感じられ始めました。目を閉じているにもかかわらず、まぶたの外にあるものが貫通して見えたり、自分の記憶の流れが見え続けたり。禅定の状態から出てすぐに歩く瞑想をしてみると、歩く速度が普段の四倍くらいになり、地面の上を歩いているというよりは、空を飛んでいるような感覚になったりしたものでした。

当時はまだ、この禅定という状態をうまく使いこなすことができず、私はそういったある種の超能力のようなことをパワーアップすることに夢中になっていきました。心の観察は疎《おろそ》かになり、とにかく集中力のパワーを増すことばかりを行っていったのです。

あるときは体中がバリバリバリバリと電磁エネルギーで充電されたような状態で、あたかも自動的にグイグイ引っ張られていくかのように凄《すさ》まじいスピードで歩きだし、何時間歩いてもまったく疲れない。先ほど申したような次元で強い集中力を筋肉や内臓に向け、あちらこちらの痛みや緊張を見つめているうちに、その場所から電気エネルギーが流れでていき、痛みや緊張がとれる。身体の疾患が治っていくのを発見し、身体を治すことにも執着が生じていました。

幽体離脱のようなものも体験して自分の意識を頭の上にポーンと抜けさせて遠くへ飛ばし、そこから音を聞いたり、モノをながめたり。自分が超人にでもなったような、なにか立派な存在になったような気がして、ちょっとした超能力のようなものを開発して喜んでいるような心持ちで、いつの間にかハマっていったのでした。

そしてふと気がつくと、また例によって「慢」に取りつかれ、引きずられて脇道にそれてしまっていたのでした。俺様はスゴイ存在である、と。

禅定の状態に入ると、ものすごく気持ちがいいのですが、三昧から出ると、それがストレスになり、「前はあんなに心地よかったのに」という執着が生じる。それを得るためにまた頑張って、と繰り返すうちに「三昧の禅定状態では心が静かだけれど、瞑想をしていないときはイライラしやすい」というワナにハマっているのに気づいたのです。

当時、母が実家で飼っていた犬の鳴き声が気に障り、「うるさいなあ、キャンキャン吠《ほ》えてばかりで、なんてうるさい生き物なんだろう。こんなにうるさいと修行の邪魔だよ」と、異様にイライラする自分を見いだしました。その頃、父と母は三カ月間ほど寺を留守にして旅行に出かけており、私はその留守中に修行をしながら、三匹の小型犬の面倒を見ていたのです。

いつもたっぷりかまってくれる飼い主が長期間いなくなったことで淋しくなったのか、三匹とも普段以上によく鳴いて、そして私に近づいてはかまってもらおうとしていました。

彼らの鳴き声や態度を見ていると、無性にイライラする。禅定を体験し、パワーだけはみなぎって成長したつもりなだけに、変に傲慢になっていて、「犬のくせに邪魔だよ」というような攻撃的な気分を育てていたのでした。

## 自分の弱さを受け入れる

そんなあるとき、私は、母の飼っているこの犬たちの鳴き声がなぜこれほどまでに神経に障るのか、その理由にふと思い至ったのです。隣家の犬が吠えていても、そんなにうるさいとは思わない。気に障るのは母が溺愛している犬の鳴き声だけ。

そんな、「犬がうるさい」という感情をジッと見つめていったところ、そこには「なぜ、母親は私を愛してくれないのか」という感情があることに気づいたのです。

その頃もまだ私と母は喧嘩ばかりしていたのですが、驚いたことに、私は犬に嫉妬していたのです。自分はそれなりにクールな人間だと思いこんでいたのですけれども、実際、自分の感情の裏面を操っている「ムカつき」の背景には、そんな煩悩があるんだというのが見えてきたのです。同時に、自分が「評価されたい」「認められたい」と思っている感情の度合いというのは、犬に嫉妬するほどなのか⁉　そこまでなのか⁉　と衝撃を覚えたのです。

そしてまた、こんな見たくない事実まで見えてきました。両親が不在で淋しそうにキャンキャンと私に吠えてくる三匹の小型犬のつらそうで必死な姿は、あたかも幼少時に両親の視線を独占しようとして泣き続けていた私の姿であるかのようだという事実。

犬に対する嫌悪感を見つめていると、身体の奥底で幼い頃の淋しくて死にそうな、胸の詰まった感覚がよみがえっているのを感知することができたのです。そこでわかったのは、小犬たちの渇愛を見ていると、過去に似たような渇愛状態にあった頃の自分の記憶が無意識下で呼び覚まされて、知らず知らずのうちに当時の苦しさが再現されているんだ、ということでした。

しかしながら、今までは、主観的にはなぜ苦しくなっているのかの仕組みが見えなかったため、「犬がうるさくて邪魔だからイラつくんだ」という、納得しやすい理由にすり替えてイライラしていたのです。「犬がうるさくて邪魔だから」とすり替えれば、過去の惨めな自分を思いだしそうなのをストップして、「犬」のほうに意識をそらすことができるから。

ここであきらかになったのは、「なにかに対して嫌悪感を抱くのは、相手のネガティブな要素と同じものを自分も心の奥底に隠し持っていて、相手を見るとその要素が記憶の底から浮かび上がり再現されそうになるので、苦しくなるからにすぎないのだ」というカラクリでした。つまるところ、もし自分がAという要素にイラッとするなら、実は自分こそがAを隠し持っていて、それから目をそらすためにこそAを攻撃するんだ、ということがわかったのでした。

この場合のAとは、淋しさ、無力感、「足りない、足りない」と求めあがく姿なのでした。「ああ、そうか。たったそれだけのことなのか。自分とは所詮、こんなちっぽけな、弱い存在にすぎなかったんだね。愛されたかっただけなんだね、君は。淋しいんだね。わかったよ」と客観的な自己認識が生じました。

そんなクダラナイことに振り回されていたんだなと、ふっと肩の力が抜けたようでもあり、それは、自分自身の弱さをニュートラルに受け入れたときでもありました。

これまで、弱い自分に劣等感を抱いて否定しようと肩肘を張ってきて、自分をなにか特別な存在と思いこまなくては気が済まない……ともがいてきた。つまり、弱い自分を抑圧して、閉じこめて、許さず、否定し続けることで虚勢を張ってきた。

ところが、このとき、「ああ、事実として、この人はこんなに弱いんだね。よしよしわかったよ。そんなに淋しかったんだね」と、自然に受け入れることができたことは、長い人生の重荷を下ろしたように、ホッとさせてくれるものでした。心の底で、弱い子供の自分をそっと抱きしめてあげるような。あるいは、あたかも「弱いお前なんかどっか行け」と地下の牢獄に閉じこめられてずっと泣き続けていた子供の自分が、その牢獄から解放されて初めて地上に出て、陽の光を浴びたような爽快感《そうかいかん》。

それとともに、これ以後一気に母へのわだかまりが消えていき、三匹の犬たちに対してイラつくこともなくなり、自然にかわいがることができるようになっていました。

主観的には父母に背を向けているつもりで、実はずーっと父母に執着し続けて甘え続けてきた操り人形の操り糸が、このときようやく、プツンと切れてくれたのでした。こうして親への執着がとれて初めて、いわば「家族」を平穏に一からやり直すこともできるようになりました。手放して初めて、多くのものが手の中に残ったのでした。

犬の一件もあり、自分の問題はまるで克服されていないなと気づき、集中するのみの瞑想はあくまでも心を研ぎ澄まして心を見つめるための道具にすぎないことを、もう一度、思いだしました。集中状態での心地よさにかまけずに、集中しつつ、イヤな自分の現実を淡々と見つめ始める形で修行をやり直していったのです。

ついふざけたことを言ってしまうとか、愛されたいとか、人に対して悪意を抱いてしまうとか、自分が思っているように扱われないとムカつくとか、これまでの自分を見つめては気づく、ということを始めたのです。

そういった自らを見つめる、というスタイルを再開したとき、ある一時期、昔のことが鮮烈に思いだされたり、昔のことを夢に見るようになりました。集中的に瞑想していると自分の潜在意識に埋まっている情報が見えるようになりがちなのですが、その中には、心の底ですごく気にしていたり、隠したいと思っていた情報が次々と登場し、それがことごとく、自分が他人から愛されなかったとか、不良にいじめられた思い出とか、そういうものがあまりに鮮明かつリアルに思いだされる。いかに自分が、そうした事柄を潜在意識で気にして、ウジウジしているのかというのが、ものすごくよく見えたのです。

# 生まれ変わった日

それから季節がひとつ過ぎた春の日。池に架《か》かった橋を歩いて瞑想していたとき、瞬間定《しゅんかんじょう》と呼ばれる集中状態が訪れたので、橋の上に坐《すわ》って瞑想を始めました。なんとなく、この回で大きなものを乗り切れそうだという予感があったのですけれども、目を開いたまま瞑想を始め、心を見つめていこうとしたときに、少し右側にある橋の柱が視界に入ってきました。すると、なぜこの柱は目の前にないんだろう、目の前にあればバランスがいいのに、こんなところにあったら気になって仕方がないのに邪魔だなあと、そんな思いにとらわれ始めたのです。「今日で大きなものを乗り切る」などと予感しているくせに、柱の位置などというくだらないことにイライラしているのでした。

そして、目を閉じ、呼吸を感じとりながら、その柱の位置に対して怒る自分を見つめていくと、芋づる式に心の問題点が見えてきたのでした。

「柱が邪魔だな」と思っている自分自身に、心の中でツッコミを入れているのがよく見えました。「私ときたらせっかく修行を積んでいるのに、こんなにくだらないことに苦しんでいるなんて情けないなー」と。

「こんなことにこだわるなんて格好悪いよ」と、慢が炸裂《さくれつ》して怒りがわいてくる。この一連の流れは「私の意志」などというものとはまったく無関係に、一瞬にして進んでいきます。この台本の進行から、「私」なんてものは完全に蚊帳《かや》の外に置かれているのですから。

そのように、柱に対する些細な怒りから慢の煩悩が自動発生するのを呼吸とともに見つめておりましたら、そこから自然に自らの思考の流れが極めて細密に見え始めました。ありとあらゆる情報がインプットされていくたびに、心の中で処理されては心身に刺激が発生するプロセス、そこから思考や衝動が生まれてくるのが、超スローモーションで見せられているように一つひとつ、鮮明に感じられます。

そして、私自身の中にある甘えた感情、自分の思いどおりでなければイヤだという感情が見え、それを生じさせている過去の出来事、なぜ自分がそういう甘えた感情を抱いてしまうのかというイメージや考えが、記憶のクラスター（固まり）となって走馬灯のように一気に見え始めたのです。

人間は死ぬ前に過去の記憶が走馬灯のようによみがえると言われますけれども、極度の集中状態で自己観察しているときにも同様のことが起こることがあります。私の目の前には、昔好きだったお菓子やおもちゃばかりが次々に出てきては消えていったり、これまで付き合ってきた女性の顔ばかりが連続して出ては消えていったりしました。

面白いことに、流れていく「走馬灯」に対して、「あッ」と心を奪われて平静さが失われますと、走馬灯は流れるのをやめて、しばらく同じものが見えているのです。けれども、心を奪われていたことに気づいてやると、再び平静さが戻ってきて、すると、目の前の記憶のリプレイは、一気にスピードを速めて流れ去っていくようになります。

しばらくの間、子供の頃好きだったものが総出演で流れていったかと思えば、今度は自分の性的嗜好《しこう》と結びついた記憶ばかりが次々に流れていっては、一瞬心を奪われると停止し、また平静に見つめだすと一気に流れていく、ということを続けていました。

ザーと流れ続けるそれらの中に、幼い頃、汲《く》み取《と》り式トイレに落ちたとき、自分の不注意で落ちたのに、「親に捨てられた」「自分はイラないから殺されるんだ」と勘違いしていて胸が張り裂けそうな気持ちになっていた、という情報が鮮明に紛れこんでいました。幼児ゆえの勘違いであるにもかかわらず、思いこんだために強烈に心に刻まれていたのです。そして、その種の淋しい記憶ばかりが流れてきては見つめ、そうするうちに一つひとつが高速で流れ去ってゆき、解き放たれては消滅していきました。

初めて幼稚園に行ったときにむちゃくちゃ泣き叫んだそのときのつらい感情、過去、友達から否定されたとか、愛されなかったとか、泣きだしそうな感情が次から次へと再生されては流れ去っていったのです。

最初は面食らいました。けれども、呼吸を感じとりながら、一つひとつの感情を「欲」「執着」「怒り」というように見つめていくと、「ああ、なんだ、こんなふうに、いつもいつも愛されたいと思い、それが満たされずに足りない足りないと思い続けてきた人生なんだ」ということがものすごいスピードで実感できたのです。

そうして、記憶が流れ去っていくのと同時に、それらへの激しい渇愛が次々に取り除かれラクになっていくようでもありました。

## 孤独は当たり前の事実

所詮、人生とはそのようなもの。生きることに執着して、立派な自分でありたいとか、愛されたいとか、自分を大きく見せたいと思っても、所詮、こうした苦しみを連鎖させているだけ。ずっと、胸が張り裂けそうな思いで生きていくだけ。生きるというのはただ苦しみの累積なんだ、とストンと腑《ふ》に落ちたとき、本当に自分の人生は無意味だったと痛感したのです。そして、自分が欲しい欲しいと思い続けてきたことの糸がプツンと切れたと申しましょうか、欲望によって自我を駆り立てて駆動していくというシステムがパーンと壊れました。あえて言葉で表現すると、今までの淋しさ、不安という霧が一気に晴れて、目の前が大きく広がるような感覚を覚えたのです。

苦しみとは、「我」という錯覚ゆえに、ある。

自分がずっとやってきたことは単なる刺激の入力と、それへの条件反射の連鎖である。

そのオートマティックな流れにずっと支配されているだけのものを、自分の意志で行ってきたと思いこんでいただけにすぎなかったんだなあという認識が生まれ、今まで「ああしよう」「こうしよう」とあくせくしてきたことにまるで意味がないということが、自然と腑に落ちたのでした。「我」はないのに、あると思いこまされ動かされていることで、苦しみが累積していくだけ。

そうか、「私」は、実は、いなかったんだ。

これが、無我ってことだったんだ。

そして腑に落ちたと同時に、スッと重荷が下りたのです。

孤独で淋しくつらいのは、誰かが愛情をくれないからだ、と、生まれてから二十九年間も思い続けてきた。しかしながら、そもそもこの「心」というやつは孤独に閉じこめられる性質を持っているらしい。なーんだ、「私」が孤独なのではなく、実はすべての「心」が、すべての「生き物」が、すべての「人」が孤独なんだ、と体感してしまった。

そうして孤独を当たり前の事実として受け入れ、いわばゴクンと飲み下すことで、二十九年間もがき続けてきた淋しさという病が、癒えていったのかもしれません。

坐禅を終え、そっと目を開いたとき、坐り始めてからすでに半日が過ぎており、あたりはすっかり暗くなり、橋の上を月光が照らしていました。周りにいる鳥や、持参しておりましたノートの上を這《は》うアリンコやトカゲも皆、孤独なのだなあ、と、いつになく温かい心地で生き物たちへ心を開いていました。ごく自然に。

そしてまた、幼少期より身体中にちりばめられていた大量のしこりが取れていて、これまで動かなかった関節のあちこちが、広げて動かせるようになっていることに気づきました。文字どおり身軽になって、身体を操縦するのを実感しながら、橋から歩き去ったのでした。

そのとき、私は、生まれ変わった実感を得たのでした。もはや、感情の奴隷になることはないだろう、と。

もともとはもっと何年も修行生活に身を置くつもりだったのですけれども、これを機にもとの生活を心新たに再開することにしました。ただ、私が甘かったのは、「決定的に生まれ変わったので、もう大丈夫。修行もとりあえず一段落」だと思ってしまったことです。

「我」というものを張らずに、ただ流れに任せて自由に生きていく生活をそれからしばらく送るのですが、「こうした状態はいいなあ」などと思ったりすると、その執着ゆえに心の軽やかさが損なわれもする。「生まれ変わった」とわざわざ思わなくてもいいのに、「今の状態は素晴らしい」と思って満足したりもするものでした。

それも、ちょうどこの頃、もっとも悩み多き時代に書いていた文章が、私の初めての本として一冊にまとめられて、『「自分」から自由になる沈黙入門』というタイトルで世に出ることになったのです。それが縁あって、大きな反響を呼び、私の身辺は急に慌ただしくなっていきました。周りの人が褒めてくれたりとか、「性格が変わったね」とかいろいろ言ってくれることに対して、嬉しさという名の「慢」が生じることもあり、そうした反応パターンを、粘り強く観察しては流す必要がありました。

まだ、自我のシステムとでも呼ぶべきものを完全に壊したわけではなくて、その土台の一部を壊したにすぎないのです。今までのパターンの一部は破壊したけれども、まだ残っている部分がある。

以前と比べたら、「愛されたい」「評価されたい」という思いが出てくる度合いは圧倒的に減ったとはいえ、機会があるとポンポンと出てくる。最初のうちは、わき上がってきても意識化して穏やかに見つめていれば、スッスッと出ていき、そのつど流せるから大丈夫だと思っていたのですけれども、そうして油断すると、いつの間にか心が慢にのっとられていたりする。「慢」は手強《てごわ》い相手。それがわき起こってくることを完全消去するのは、とても難しいことです。

しかし、それがわきあがってくる瞬間に、電光石火で気づいてやって受け流してしまうことを通じて、一歩一歩、着実にクリーニングを進めることはできる。大切なのは、「もうすべてわかった」などと思い上がらず、地道に、一進一退を続けることです。そうするうちに、真の変容が定着して、地に足がついてきます。

苦悩と挫折にまみれた過去の私と、坐禅瞑想によって生まれ変わった私。

その「私」も、いない、という気楽さ。有難き、幸せです。

大きく変容した私の体験談は、このあたりでお終《しま》いといたします。

このような煩悩にまみれ、業《カルマ》に翻弄され続けた人間がなんとか立ち直りましたことを知っていただけましたならば、人は変われるんだということを実感していただけるのではないでしょうか。

以降の私は、一人の人間として以前と比べるとずっと平穏な生活を楽しみながら、ようやく人並みにこつこつと大切な人間関係を築いていくことも叶うようになりました。それは私にとって、今までになく新鮮な冒険のようにも感じられます。もちろん、そう簡単に過去の呪いが、急にあとかたもなく消えてなくなるわけもありません。人様と密接に接していれば、あたかも古傷がうずくようにして淋しさがよみがえって悪さをしそうになることもあるものですから、その「台本」を観察して受け流すことを通じて、一つ一つ、洗濯を続けているのです。

もはや、うずく古傷に飲みこまれて闇に沈むことは二度とないでしょう。こうして現在も修行を更新し深め続けながら、多くの方に坐禅を知っていただくための活動を並行して続けています。

今、この瞬間の中に生きていて、いつも「今」が、満ち足りている。そんな「今」を、皆様にもお裾分けできますように。

# おわりに

「失格」。

本書に記しましたような「失格」の来歴を改めて振り返ってみましても、今では、別に坊主に失格していてもいいや、と涼しく突き放していられるようにも思われることです。

淋しくて淋しくて死にそうで、困りに困っているのに自分が困っていることにすら気づかず、這いずり回っていた私にとって、たまたま生き延びる《サバイバル》のに役立つ術《すべ》を教えてくれたのが、古代の仏道に由来する瞑想法だったというだけのこと。

「苦」（すなわち「淋しさ」）を減らし和らげるクスリとしてそれが役立つ限りにおいて、私はそれを使いますし、それを他人様にもお伝えいたします。が、その技法自体は必ずしも「仏教」という枠に収められる必要はありませんし、私がやっているように「仏道」と名づけて囲いこむ必要すら、本当はないのだと思われるのです。

ただ単に自分自身を見極め、変えていく道具があり、それを使いたければ勝手に誰だって、誰に断りもなく使えばいい、とでも申せましょうか。

苦しみ渇いてさまよい続けてきた私の心が、「親」↓「友達」↓「太宰治」↓「政治」↓「西洋哲学」↓「洋服」↓「浮気性といじめ」と、依存対象を取り替えながら迷走し続けたあげく、ようやく渇愛の無限連鎖を和らげるのに有用な方法に出会えた。

今はこれがもっとも役立つ方法と思えるその限りにおいて、私は熱心に使わせていただいております。が、もしも、もっと有用なものが見つかるなら（実際は見つかりそうもありませんけれども）、いつだってそちらに変えたっていいのです。そんな身軽さと実験を許容する幅広さの中にこそ、仏道の本領があるのかもしれません。

するとか「仏教」とか「仏道」とか「寺」とか「坊主」とか、そういった記号は必ずしも必要ないのであってみれば、「坊主失格」――それもいいかもね、と朗らかに笑うことができるのかもしれません。

二〇一〇年十一月　月読寺にて　　　　小池龍之介

# 文庫版あとがき

本書『坊主失格』は、単行本が出版された当時、好ましい反響とともに好ましからざる反響も起こしました。それもあり、その後、絶版になったままお蔵入りにしていたのですが、最近になって、本書を読んで勇気づけられ、私のところに修行僧になりにきたという人たちにふれる機会もあり、それならば、と文庫として復活させることにいたしました。

単行本刊行が二〇一〇年のことですから、この文庫版あとがきを執筆している二〇一六年夏の時点で、およそ六年前のことになるようです。

それは、あまりにもたくさんの出来事と変化を与えられた六年間であり、内面への気づきを向けようとしながら日々過ごした濃密な六年間でもありました。それがあまりにも濃密なため、とても「もう六年も過ぎた」などとは言えないような豊穣な日々です。

豊穣な――そう記しますと、さぞや良いことのみ享受し続けたかのように見えるかもしれません。が、好ましい出来事たちに恵まれると同時に、失敗や、望ましくないと主観的には感じられる試練もまた、与えられてきたのです。

所属宗派から除籍されたことにより、生き方や活動はより自由になった一方で、しばらく困難もいろいろとありました。また、せっかく素晴らしい方と巡り合い、再婚すべく婚約までしたものの、縁なくして別離した痛みからは、とても多くの大切なことを、学びました。

一時期、体調を崩して停滞していたことも、ありました。

けれどもそうして与えられた試練たちでさえすべてが、残存する心の反応パターンを明るみに出して観察し、心の洗濯をたゆまず続行し、刷新し直すための糧となりました。

その後の修行は、インドの古代大乗仏教や禅宗の修行法も取り入れながら、地道に、心がどんな因果関係で反応しているのかを観察し、それらが流れ去ってゆくのをまた観察することを、来る日も来る日も、繰り返していたのでした。

厳密に申せば、本文に記したように、「私」なるものが見いだせない以上、「観察している私」などどこにもおらず、ただ脳の中の「観察する」という機《ファンクション》能が、心の流れに対して自動的に気づき続けているだけなのですけれども。

こうしてやがて、放っておけば「気づき」が勝手に内面を観察して洗濯をしてくれることを理解してからは、それを「心の全自動洗濯機」と名づけました。

この全自動洗濯機に任せて、あらゆる思考・情念・気分・感覚などが、因果の台本《シナリオ》に沿って勝手にやってくるのを、ただ観察するに任せていると、それらの染みついたパターンが解きほぐされてゆく。集中状態で、それをひたすら地道に、続ける。

そうした全自動洗濯機に身を委ねているうちに、本書のテーマであった淋しさや欠落感（という幻想）はますます力を失っていき、今となってはもはやすっかり雲散霧消してしまいました。いえ、厳密には「霧消した」というより、胸のブラックホールと感じられていた欠落感は元々、ただの幻想で、本当は実在しなかったのだと、心がズバリ納得したのです。

それらは本当は実在しないのに、実在するのだと脳が思いこむと、実在するかのように実害が生じるのが、トリッキーでありますことよ。

「私」は元々いない。「欠落感」も元々、ない——なんて開け広げられ、気楽な世界なのでしょう。幸せな、ことです。すいすいです。さらさらです。

そしてそれでもなおかつ、洗濯は道の途上です。洗われてゆくがままに。

＊

文庫化に当たりまして、なるべく単行本当時の文章をそのままにしつつ、当時ユーモラスにしようとして工夫した大袈裟な文末表現については、読みやすいように、一律にフラットに改めました。

また、かつての自分自身や周囲の人々の心理について書いた部分につきましては、執筆当時、文章の流れ上、マイナス面を強調しすぎて露悪的に書いたきらいがあり、その点も、いくらかマイルドに改めました。

それ以外にも、当時の文章をなるべく尊重するようにしつつも、気になるところは書き直しました。

単行本時の担当編集でありました、扶桑社の鈴木靖子さんは、本書タイトルの命名をしてくださいました。鈴木さんとは、本書刊行をめぐっての苦楽をともにしたことが、いろいろとなつかしく思い起こされることです。文庫化に当たっては、幻冬舎の小木田順子さんのご協力を頂戴しました。お二人に謝して、あとがきを閉じることにいたします。

二〇一六年夏

小池龍之介

この作品は二〇一〇年十二月扶桑社より刊行されたものです。
日本音楽著作権協会㈳許諾第一六〇六〇六七―六〇一号

## 幻冬舎文庫

●好評既刊
### 沈黙入門
小池龍之介

ケチつけをやめる。天皇陛下のようにスローに話す。正義で相手を論破しない。身近で大切な人には幻滅しておく——若き修行僧が、イライラ・不安から解放されて軽やかに生きる作法を説く。

●好評既刊
### もう、怒らない
小池龍之介

怒ると心は乱れ、能力は曇り、体内を有害物質がかけめぐり、それが他人にも伝染する。あらゆる不幸の元凶である「怒り」を、どうしたら手放せるのか？　ブッダの教えに学ぶ、心の浄化法。

●最新刊
### 弱いつながり
検索ワードを探す旅
東　浩紀

私たちは、考え方も欲望も今いる環境に規定されている。それでも、人生をかけがえのないものにしたいならば、グーグルより先に新しい検索ワードを探すしかない。ＳＮＳ時代の挑発的人生論。

●最新刊
### 地図を破って行ってやれ！
自転車で、食って笑って、涙する旅
石田ゆうすけ

自転車で世界一周した著者が日本国内を駆けめぐる！　恩人との再会、きらきら輝く恍惚の味、魂を揺さぶる自然、そして忘れられない出会い——。縦横無尽に走った旅をつづる大人気紀行エッセイ。

●最新刊
### のうだま1
やる気の秘密
上大岡トメ　池谷裕二

何をやっても三日坊主。あきっぽいのは私だけ？　いいえ、それは脳があきっぽくできているから。脳の中の「淡蒼球」を動かせばやる気は引き出される。脳続ける技術とやる気の秘密を解くベストセラー。

# 坊主失格《ぼうずしっかく》

## 小池龍之介《こいけりゅうのすけ》

平成28年8月5日　初版発行

発行人――石原正康
編集人――袖山満一子
発行所――株式会社幻冬舎
〒151-0051東京都渋谷区千駄ヶ谷4-9-7
電話　03(5411)6222(営業)
　　　03(5411)6211(編集)
　　　振替00120-8-767643
印刷・製本―図書印刷株式会社
装丁者――高橋雅之



幻冬舎文庫

ISBN978-4-344-42509-5　C0195　こ-32-3

幻冬舎ホームページアドレス　http://www.gentosha.co.jp/
この本に関するご意見・ご感想をメールでお寄せいただく場合は、
comment@gentosha.co.jpまで。